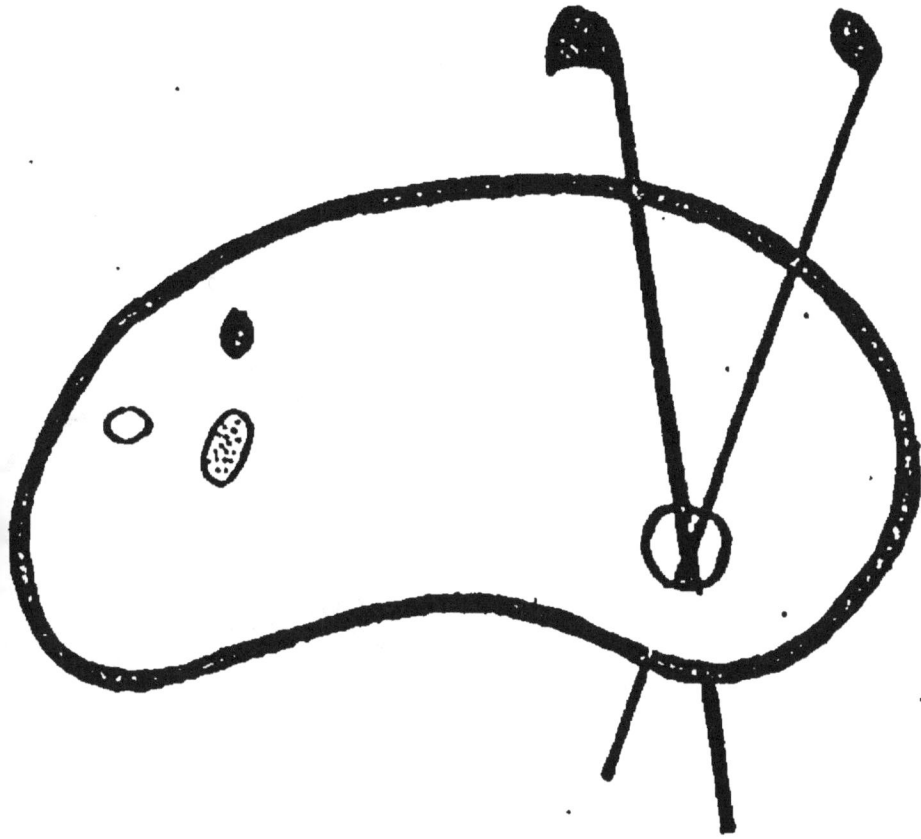

DEBUT D'UNE SERIE DE DOCUMENTS
EN COULEUR

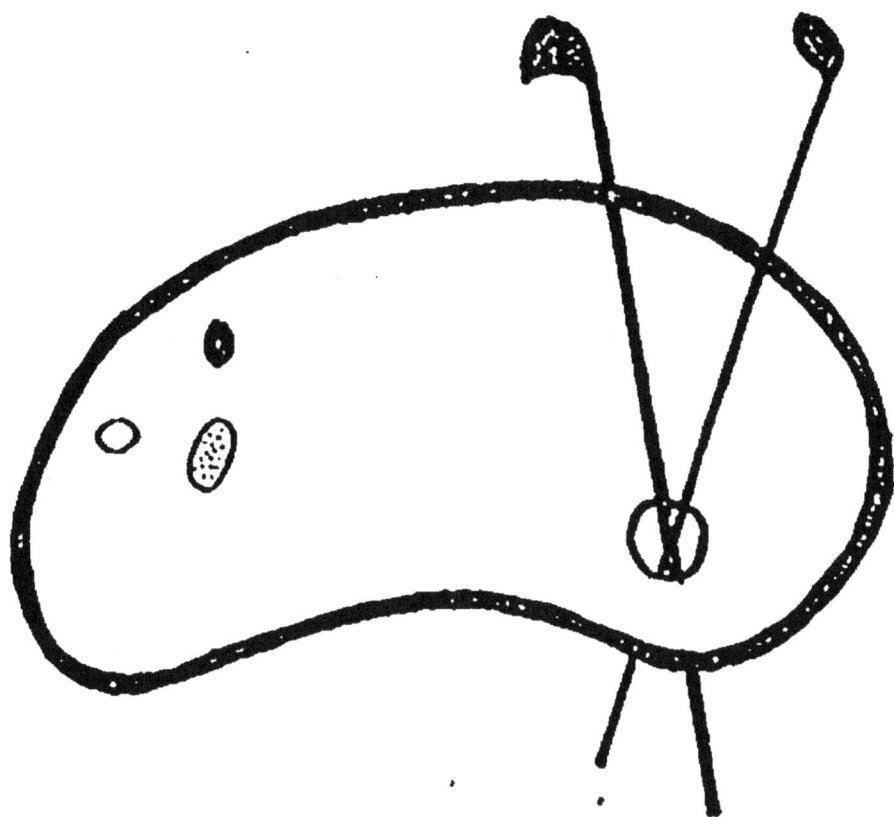

FIN D'UNE SERIE DE DOCUMENTS
EN COULEUR

LA FILLE

DU CHANVRIER

IMPRIMERIE D. BARDIN, A SAINT-GERMAIN.

ÉMILE RICHEBOURG

LA FILLE

DU CHANVRIER

PARIS

GEORGES DECAUX, ÉDITEUR

7, RUE DU CROISSANT, 7

LA FILLE

DU CHANVRIER

I,

Le chanvrier, ou plus exactement, le peigneur de chanvre, est un artisan bien connu dans les campagnes. Il rend de vrais services aux populations rurales. Il est l'ami de la ferme et le favori de toutes les ménagères.

Avant de devenir la bande de toile dans laquelle on coupe le linge à l'usage de la maison et de la famille, le chanvre subit plusieurs préparations : la macération du rouissage, qui consiste à le laisser immergé pendant un temps déterminé dans une

fosse remplie d'eau ; le teillage, c'est-à-dire
la séparation de l'écorce, ou partie filan-
dreuse de la tige ou chenevotte du chanvre. Il est alors soumis au peignage ; c'est
le travail du chanvrier. Le chanvre sort de
ses mains en filasse blonde et soyeuse, le
rouet de la fermière le reçoit, et, devenu
fil, il est porté chez le tisserand.

C'est un dur métier que celui de peigneur de chanvre ; il faut être constamment debout, les bras tendus et tirant le
chanvre que l'on fait passer à travers les
cent pointes d'acier du peigne, et chaque jour, pendant des mois, avaler en res-
pirant la poussière qui se dégage de la filasse.

Le père Labranche, le plus renommé
parmi les peigneurs de chanvre, habitait au
village de Lilliers ; mais c'est à Ravaine,
grosse commune à une lieue de distance,
qu'il avait sa clientèle la plus nombreuse et
la meilleure.

A Ravaine, un pays de chenevières, le
chanvre était plus grand, par conséquent
plus difficile à travailler ; mais la journée
était beaucoup mieux payée et on avait du
vin à chaque repas.

Le père Labranche était robuste ; il défiait la fatigue et tenait à gagner le plus d'argent possible.

Il était veuf depuis bien des années déjà, mais il avait une fille, une fille unique.

Étiennette, qu'on appelait par abréviation Tiennette, possédait une chevelure blonde à faire la désolation de tous les faux chignons à l'usage des coquettes de tous les pays. Elle avait aussi une bouche ravissante, et des dents petites et blanches comme des perles fines. Elle n'était pas très-grande; mais le marbre le mieux ciselé ne peut offrir des formes plus parfaites. Rien de pur, de suave, d'adorable comme ses grands yeux bleus, un peu rêveurs; elle avait des mains et des pieds de demoiselle.

Enfin, elle était délicieusement jolie et elle savait lire et écrire.

Si je disais que la gentille Étiennette n'était pas coquette, aucune femme ne me croirait. J'aime mieux avouer tout de suite qu'elle aimait à arranger ses beaux cheveux d'une façon fort gracieuse, qu'elle adorait une jolie toilette, ce qui la rendait plus charmante encore, et qu'elle tressaillait de joie lorsque, gentiment parée, elle se regardait dans son miroir.

Mais ce n'était pas seulement pour elle

qu'Etiennette aimait à se voir jolie et à se mettre belle.

Ce n'était pourtant pas pour son père.

Le bonhomme se souciait de cela comme du vin de la Comète, dont il avait entendu parler, mais dont il n'avait jamais bu.

Son affaire, à lui, était de savoir sa fille heureuse. Du moment qu'il l'entendait rire, c'était bien.

Il gagnait de l'argent, Étiennette le dépensait, quoi de mieux.

Parmi les beaux garçons du pays qui admiraient la jeune fille, lui jetaient de doux regards et la faisaient danser les jours de fête, Etiennette en avait distingué un. Et comme il était un peu timide, qu'il osait à peine la regarder et qu'il ne lui parlait qu'en tremblant, elle se mit à l'aimer tout de suite.

Le timide — il s'appelait Félix Vernet — ne s'en aperçut seulement pas. Il était bien trop amoureux lui-même pour avoir de bons yeux.

Or, c'est en pensant à Félix que Mlle Etiennette nattait ses longs cheveux, et ajustait son fichu, se pomponnait et souriait à son miroir.

Certes, elle n'avait pas mal choisi, sans

le vouloir, bien certainement. Le père de Félix était un des riches habitants de Ravaine. Il avait une grande ferme qui occupait beaucoup de manœuvres, et un moulin, le meilleur de la vallée, qui lui rapportait beaucoup d'argent.

Félix avait vingt-quatre ans; son père lui avait confié la direction du moulin, et il remplissait admirablement cette importante fonction.

Quand il allait chercher lui-même les sacs de blé dans les villages voisins, il revenait toujours avec ses voitures trop chargées.

Que voulez-vous? les femmes de partout raffolaient du jeune et beau meunier.

M. Vernet était satisfait mais pas complétement heureux. Félix avait une sœur nommée Anna, et cette pauvre jeune fille, âgée de seize ans, était idiote.

C'était la désolation de cette famille qui, sans cela, eût été comblée de toutes les joies.

Souvent Étiennette se disait :

— Félix est trop riche; jamais il ne m'épousera.

Cette pensée lui venait quand elle avait été plusieurs jours sans voir le jeune homme. Alors elle était triste.

Mais, si le lendemain elle le rencontrait ou l'apercevait seulement, l'espérance rentrait dans son cœur avec un sourire du meunier, et elle ne pensait plus qu'à lui. Elle ne voyait plus ni le père Vernet, ni la ferme, ni le moulin.

Cependant, l'amour de Félix s'accusa si sérieusement que son père finit par s'en apercevoir.

Il entra dans une colère épouvantable contre son fils et menaça de le chasser de sa maison s'il avait l'audace, malgré sa défense, d'adresser encore la parole à Étiennette et même de penser à elle.

Le jeune homme ne répondit pas un mot.

La façon dont son père lui avait parlé, les expressions dont il s'était servi l'avaient profondément blessé.

Le lendemain, de grand matin, il fit un paquet de ses hardes et, sans avoir rien dit à personne, il disparut du pays.

II

En apprenant que Félix avait subitement quitté Ravaine, Étiennette pleura à chaudes larmes. Elle était désespérée.

Elle sut aussi que c'était à la suite d'une scène violente que lui avait faite son père, à propos d'elle, que le jeune homme s'était enfui. Cette pensée, qu'elle était sincèrement aimée, calma le trouble de son esprit.

D'ailleurs, quelques jours après, elle reçut d'un vieille femme, une mendiante, qui parcourait souvent la contrée, cette petite lettre écrite par Félix :

« Ma chère Étiennette,

» J'ai quitté Ravaine et je n'ai voulu voir

personne avant de partir; je n'ai pas même embrassé ma mère et ma pauvre sœur, qu'on n'aime guère chez nous, et qui n'avait que moi pour la protéger et la défendre. Je suis parti parce que mon père a des idées qui ne sont pas les miennes. Je vais tâcher de me trouver une bonne condition; j'aime le travail, je ne manquerai pas d'ouvrage. Tout de même, c'est dur d'être obligé de travailler chez les autres! Étiennette, je t'en prie, ne m'oublie pas; je t'aime et je t'aimerai toujours. Je reviendrai, sois tranquille, et nous serons heureux »

— C'est le garçon de M. Vernet qui m'a remis ça, il y a trois jours, sur la grande route, dit la mendiante en clignant de l'œil.

— Oui, répondit la jeune fille, c'est une lettre de M. Félix.

— Il avait l'air bien triste, le garçon... et comme il m'a priée de ne pas manquer de faire sa commission! Vous connaissez bien Étiennette, n'est-ce pas? qu'il me répétait toujours. Je crois bien que je la connais, la belle fille au père Labranche, le chanvrier d'auprès de Ravaine. Est-ce que quand je passe à Lilliers, elle n'a pas toujours un morceau de pain blanc et un sourire à donner à la vieille?

Alors, continua-t-elle, le Félix m'a donné la lettre, et ça pour moi.

Elle montra à la jeune fille une pièce blanche de cinq francs.

— Il est généreux comme vous et beau comme vous êtes belle, mam'zelle Étiennette. M'est avis que c'est votre amoureux.

Étiennette rougit comme une pivoine.

— Oh! faut pas rougir pour ça, la mignonne. Est-ce que c'est défendu de s'aimer, aux enfants du bon Dieu? Est-ce que dans les haies les oiseaux ne font pas leur nid?

Tiennette, ma mie, il faut aimer pendant qu'on est jeune. Vous êtes un peu coquette, c'est pas un mal, quand on est jolie, qu'on a dix-huit ans, de beaux yeux et qu'on n'est pas bête; mais en même temps vous avez bon cœur, on le sait dans le pays; vous n'êtes pas fière et vous êtes honnête comme pas une. Ça, on le dit partout. Et c'est quelque chose, ma mie; cela vaut une bonne partie des écus du père Ver-

net. Le Félix, qui n'est pas un sot, le sait
bien.

Je suis un peu sorcière, — il y a des gens
qui le disent parce que je suis mal habillée, — eh bien, Tiennette, je te prédis que
tu seras heureuse et que tu vivras longtemps. Et comme tu seras riche un jour,
c'est chez toi, quand je passerai dans le
pays, que je viendrai prendre le morceau
de pain mollet qu'il faudra aux vieilles
dents qui me resteront.

Pendant six mois de l'année, de la Saint-
Rémy à Pâques, le père Labranche peignait le chanvre à Ravaine. Pendant ce
temps, il faisait le tour du village, conten-
tant, l'une après l'autre, toutes les ménagères.

Il ne passait à Lilliers que la seule journée du dimanche, mais il revenait y coucher tous les soirs. Le pauvre homme ne
pouvait passer vingt-quatre heures sans
voir sa fille. Que voulez-vous? Il l'aimait
à la folie.

Tous les jours à deux heures du matin,
il était debout. Il s'habillait, il embrassait
Étiennette, ce qu'il n'avait garde d'oublier,
buvait son petit verre d'eau-de-vie de marc,

et se mettait en route, n'importe par quel temps.

Le vent, le froid, la pluie ou la neige, cela lui était bien égal.

III.

Le père Labranche portait toujours une blouse grise de toile écrue sur sa grosse veste de droguet vert; un pantalon fortement rapiécé partout; d'énormes souliers ferrés, inusables, avec des guêtres tricotées par sa fille, qui lui montaient jusqu'aux genoux. Sur son bonnet de coton bleu à raies rouges et blanches, il se coiffait d'un chapeau de feutre à haute forme, qui devait avoir coiffé son aïeul aux beaux jours de sa jeunesse. Ce chapeau, d'une forme bizarre, faisait les délices de tous les gamins de Ravaine et autres lieux.

Dès qu'ils apercevaient le bonhomme, ils criaient tous ensemble :

— Voilà le chapeau du père Labranche.

Nous compléterons le costume du chanvrier en disant qu'il serrait sa blouse sur ses reins, au moyen d'une corde grosse comme le petit doigt, en guise de ceinture. Sur son flanc battait un sac de cuir qu'il portait en bandoulière, et dans lequel il mettait ses pointes d'acier, dites de rechange, et la lime pour les aiguiser.

Dès qu'il arrivait à l'endroit de son travail, où ses peignes étaient installés, — c'était ordinairement dans une grange, — il ôtait son chapeau et son bonnet de coton, et les plaçait dans un coin, l'un dans l'autre, le plus commodément possible. Il se débarrassait de son sac, qu'il mettait dans un autre coin, avec son bâton, et il enlevait ses guêtres et ses souliers; il remplaçait ses souliers par des sabots. Le père Labranche était dans son costume de travail.

Il y avait déjà trois mois que Félix avait quitté Ravaine. On ne parlait plus de l'événement qui avait pourtant fait beaucoup de bruit.

Le chanvrier feignit de fermer les oreilles et de ne rien entendre. Sa fille était calme, elle ne paraissait pas malheureuse il ne s'occupait nullement du reste.

— Je sais bien que le fils du père Ver

net n'est pas pour elle, s'était-il dit ; mais elle en trouvera un autre. Si les filles ne manquent pas, il y a aussi des garçons pour toutes.

Quand le moment arriva de peigner le chanvre chez M⁰⁰ Vernet, celle-ci lui demanda :

— Père Labranche, quel jour viendrez-vous à la ferme ?

— Je finis demain ici, madame Vernet, répondit-il tranquillement. Après-demain je commencerai chez vous.

— Alors, je vais faire préparer les écheveaux. Vous en aurez au moins pour trois semaines, je vous en préviens.

— Tant mieux ; je ne me plains jamais de trop de travail.

Après le départ de son fils, M. Vernet avait dit à sa femme, qui était fort attristée :

— Il a bien fait de quitter le pays où il aurait fini par mal tourner. Je suis bien content qu'il aille manger un peu de vache enragée. Cela lui mettra du plomb dans la tête.

M⁰⁰ Vernet n'osa plus se plaindre.

M. Vernet prit un garçon meunier pour remplacer son fils au moulin. Mais ce n'était plus Félix. Les clients ne tardèrent pas à s'en apercevoir à la farine moins belle et à la médiocre qualité du pain.

Un mois plus tard, M. Vernet apprit que son fils, entré comme garçon chez un de ses confrères, à huit lieues de Ravaine, avait déjà doublé la clientèle du moulin.

— Est-ce bête, les enfants ! se dit-il ; ils s'en vont travailler pour enrichir les autres, quand ils ont la facilité de travailler pour eux-mêmes.

Il ne parlait plus de la vache enragée.

Mais celle qui souffrait le plus de l'absence de Félix, c'était sa sœur, la pauvre idiote.

Repoussée par les ouvriers de la ferme, grondée par sa mère, quelquefois battue par son père et n'ayant plus les bras de Félix pour s'y réfugier, elle devenait sauvage et farouche. Elle passait des journées entières cachée dans les écuries ou au milieu des champs, blottie derrière un buisson.

Un visage inconnu la frappait d'épouvante.

La pauvre enfant avait peur de tout le monde parce que personne ne lui témoignait d'affection.

Après son frère, elle avait un autre attachement profond pour un jeune homme qui avait travaillé pendant plusieurs années à la ferme. Ce n'était pas de l'amour, la malheureuse n'était pas capable d'éprouver ce sentiment ; c'était une sorte d'amitié non raisonnée, instinctive, qui fait que certains êtres chétifs, souffreteux, éprouvent de la joie à s'approcher de ceux dont ils se sentent aimés et dont ils sont sûrs de ne pas implorer en vain la protection.

Mais ce jeune homme avait tiré au sort; il avait amené un mauvais numéro et il était parti, parce qu'il n'avait pu trouver deux mille francs pour se faire remplacer.

Anna en éprouva un violent chagrin.

Elle aimait aussi beaucoup le père Labranche, qui était un de ceux qui ne l'avait jamais repoussée, ni rudoyée.

Mais elle aimait encore plus Etiennette. Il est vrai que la jeune fille ne la rencontrait jamais une seule fois sans lui faire beaucoup de caresses. Ce n'était pourtant pas pour cela seulement qu'elle se sentait attirée vers Etiennette. Elle avait deviné l'amour de son frère pour la jeune fille de Lilliers, et au lieu d'en être jalouse, ce qui aurait pu arriver tout aussi bien, elle comprenait, avec son pauvre esprit, que l'amour de son frère ne pouvait lui nuire et qu'il lui assurait, au contraire, une protection de plus.

Donc, le père Labranche travaillait chez M. Vernet, et depuis huit jours déjà il peignait le chanvre de la ferme.

C'était un samedi; comme le chanvrier avait commencé sa journée une heure plus tôt — il travaillait toujours le matin trois ou quatre heures à la lumière de la lampe — il quitta son travail le soir, une heure plus tôt également.

Il fit lestement sa toilette de voyage, suspendit son sac de cuir à son cou, serra ses reins avec sa corde, prit son bâton et sortit de la grange.

Dans la cour de la ferme, il rencontra Mme Vernet.

— Comment, lui dit-elle, vous vous en allez sans avoir soupé?

— Je n'ai pas grand faim, madame Vernet, répondit-il. On est trop bien nourri chez vous. En faisant ma route, je gagnerai de l'appétit, et je souperai avec ma fille. Cela ne m'arrive pas si souvent.

— Alors, père Labranche, je vous laisse partir. A lundi.

— Oui, madame Vernet, à lundi, toujours de bonne heure.

— Avec le chant du coq, je sais cela.

Elle rentra à la ferme, et le vieux chanvrier, tout joyeux de pouvoir donner une heure de plus à sa fille, se dirigea vers Lilliers d'un pas guilleret.

IV.

Le lendemain matin, vers neuf heures et demie, le père Labranche était occupé à éplucher des carottes et à préparer un chou pour le pot-au-feu.

Etiennette s'habillait pour aller à la messe.

Tout à coup, le brigadier de gendarmerie, accompagné du maire de Lilliers et de deux gendarmes, entra dans la maison

— Qu'y a-t-il pour votre service, messieurs? demanda le bonhomme en se levant et fort surpris de cette visite.

— Il y a, répondit durement le brigadier, que je viens vous arrêter.

Sur ce mot du brigadier : « Je viens vous arrêter » le chanvrier pâlit, pétrifié d'étonnement.

— Arrêter mon père ! s'écria la jeune
fille en se jetant d'un bond entre lui et les
gendarmes, et pourquoi ?

— Mademoiselle, dit le maire d'une voix
un peu émue, car il connaissait la réputation de probité du père Labranche, votre
père est accusé de vol.

— Moi, voleur ! s'écria le chanvrier, dont
les yeux égarés semblaient vouloir sortir de
leur orbite.

— Mon père, accusé de vol ! s'exclama
Etiennette avec indignation, quelle infamie !

— S'il n'est pas le coupable, il prouvera
son innocence, dit le brigadier. Vous
autres, ajouta-t-il en s'adressant aux gendarmes, gardez-le à vue.

— Oh ! messieurs, reprit la jeune fille
avec des larmes dans la voix, vous n'arrête-
rez pas mon père ; vous le connaissez tous,
vous savez bien que ce n'est pas un voleur.
Il y a méprise, messieurs, demain on vous
le dira. Mon père a volé ! mais où, quand,
comment ? Vous voyez bien que c'est ab-
surde. Il se lève de bonne heure, il voyage
la nuit, c'est vrai ; mais il y a quarante ans
qu'il va ainsi à Ravaine tous les matins.

— C'est à Ravaine que le vol a été commis, dit le maire.

— Et pourquoi veut-on que ce soit mon père? Il travaille en ce moment pour Mme Vernet. Tout le monde de la ferme dira s'il est assidu à son travail.

Le maire et le brigadier échangèrent un regard qui signifiait :

— C'est bien cela.

— Mme Vernet, ajouta le chanvrier, sait à quelle heure je commence ma journée et à quelle heure je la finis.

— Maintenant, dit le brigadier, nous allons faire les perquisitions.

Dans la rue, un rassemblement se formait devant la maison.

— Monsieur, il n'y a rien chez nous ; je vous assure que vous ne trouverez rien, dit Etiennette au brigadier.

Ce dernier, aidé de ses hommes, avait déjà enlevé les matelas du lit et fouillait la paillasse.

Le pauvre père Labranche restait immobile, comme un hébété :

— On dit que je suis un voleur !... disait-il à chaque instant, en regardant tour à tour le maire et les gendarmes.

Quand le brigadier eut à peu près tout visité, il revint près du maire et lui dit :

— Je n'ai rien trouvé.

— C'est peut-être une fausse accusation, répliqua vivement le maire.

— Non, fit le brigadier, les indications sont précises.

Il se tourna vers Etiennette.

— Mademoiselle, lui dit-il, nous allons maintenant examiner ce qu'il y a dans cette armoire. Ouvrez-la.

Le vieillard était assis devant le meuble; il fallut le déranger pour l'ouvrir. Le malheureux ne tenait plus sur ses jambes, il alla tomber sur une autre chaise.

Le brigadier mit sens dessus dessous toute la lingerie d'Etiennette.

Dans un petit sac de drap vert il trouva une centaine de francs en pièces de cinq francs et autre menue monnaie.

C'était la bourse du ménage.

Les perquisitions n'avaient amené aucune découverte.

— Le vieux coquin a eu le temps de cacher l'argent, dit tout bas le brigadier au maire.

Il n'était pas content du tout, le brigadier. Il n'y avait pas longtemps qu'il commandait la brigade du canton et il voulait absolument se signaler par quelque chose d'éclatant.

— Pourtant, reprit-il tout haut, une somme aussi forte ne se dépense pas en une nuit.

— C'est donc de l'argent qui a été volé? demanda Etiennette.

— Oui, mademoiselle, répondit le brigadier.

— Et c'est mon père qu'on accuse d'un vol d'argent? On voit bien, monsieur le brigadier, qu'il n'y a pas longtemps que vous êtes dans le pays, autrement vous connaîtriez mieux le père Labranche. Demandez ce qu'il vaut à M. le maire.

— M. le maire sait comme moi à quoi s'en tenir, dit sèchement le brigadier.

— Mais enfin! s'écria Etiennette, qui donc accuse mon père?

— On vous le dira quand il le faudra, répondit le brigadier.

En ce moment son regard, qui furetait partout sans cesse, découvrit entre deux meubles, dans un endroit sombre, la sacoche du chanvrier suspendue à un clou.

Il alla la prendre, l'ouvrit et fit tomber ce qu'elle contenait sur le carreau.

Trois pièces d'or de vingt francs, bien luisantes, rebondirent et roulèrent de trois côtés différents.

Le brigadier poussa une exclamation joyeuse.

— Qu'est-ce que c'est que ça ? fit le père Labranche. De l'or!... Bien sûr que c'est quelqu'un qui m'en veut qui l'a fourré dans mon sac.

Les trois louis, ramassés, disparurent dans la poche du brigadier.

— Pièces à conviction, dit-il.

Un gendarme s'empara de la sacoche comme d'un trophée.

— Eh bien! fit le brigadier en se tournant vers le maire.

— Je suis convaincu et désolé, répondit-il.

— Les trois pièces d'or se sont échappées de la bourse de cuir, qu'il avait mise dans son sac après le vol, reprit le brigadier. Quand il a retiré la bourse pour la cacher avec son contenu, ce qu'il n'a pu faire qu'hier soir, cette nuit ou ce matin, il ne s'est pas aperçu que ces trois pièces étaient restées avec sa ferraille. C'est comme cela que le coupable est toujours découvert.

— C'est parfaitement juste, dit le maire.

Les deux gendarmes avaient entendu les paroles de leur supérieur et étaient remplis d'admiration. On voyait qu'ils étaient fiers d'avoir pour chef un homme si capable et d'une si grande perspicacité.

— Allons, dit le brigadier, les menottes, maintenant.

Au bruit que firent les chaînettes de fer dans la main du gendarme, Etiennette, qui avait été un moment terrifiée, redressa vivement la tête.

— Vous n'emmènerez pas mon père! s'écria-t-elle; vous ne l'emmènerez pas!

— La jeune personne est singulière, fit le brigadier en regardant ses gendarmes, elle s'imagine que nous allons avoir peur de ses beaux yeux.

— Vite, les menottes, ordonna-t-il.

Le maire voulut alors épargner à son administré la honte d'avoir à traverser le village les bras enchaînés.

— Brigadier, dit-il, le père Labranche vous suivra sans résistance; vous pouvez bien vous dispenser de vous servir pour lui de cet instrument-là.

— M. le maire, c'est mon règlement.

— Sans doute, brigadier; mais Labranche est un vieillard.

— Je suis à cheval sur le règlement.

Le maire ne dit plus rien; mais Etiennette prit la parole.

— Monsieur le brigadier, dit-elle d'un
ton très-digne, je sais bien qu'on doit obéis-
sance à la loi et respect à ceux qui la repré-
sentent. On ne craint pas les gendarmes,
dans nos pays, parce qu'il n'y a que des
honnêtes gens; on les aime, au contraire;
on les reçoit dans les familles, et plusieurs
s'y sont mariés. Les gendarmes font leur
devoir; il est quelquefois pénible, mais il
faut le faire tout de même. Pourtant, la loi
ne leur défend pas d'être bons et généreux.
Vous, monsieur le brigadier, vous n'êtes
pas cela; vous êtes un méchant homme!

Le brigadier lança à la jeune fille un
regard de colère, mais il ne répliqua point.

Le chanvrier se leva et tendit ses bras aux
gendarmes, qui cadenassèrent les menottes
à ses poignets.

La jeune fille courut prendre dans l'armoire la bourse de drap vert qui contenait
leur petite fortune.

— Tiens, père, dit-elle, prends l'argent;
tu en auras sans doute besoin.

— Et toi? fit-il.

— Moi, je ne sais pas!

— Garde l'argent, petite.

—' Non, je ne veux pas.

— Ni moi non plus, dit le père.

— Eh bien, je prends vingt-cinq francs. Es-tu content?

— J'aimerais mieux que tu gardes tout.

— Tu reviendras dans deux ou trois jours; j'ai plus qu'il ne me faut.

Et elle fourra la bourse dans la poche de la veste de droguet.

Puis elle jeta ses bras autour du cou du vieillard et éclata en sanglots.

— Tiennette, lui dit-il, tu ne crois pas que je suis un voleur, n'est-ce pas?

— Ah! mon père! s'écria-t-elle, avant cela je croirais plutôt qu'il n'y a pas de Dieu!

Le visage du bonhomme s'épanouit et deux éclairs de joie jaillirent de ses yeux.

— Alors, fit-il en souriant, je n'ai peur de rien.

Puis, se tournant vers les gendarmes:

— Messieurs, ajouta-t-il, vous pouvez me mener en prison.

Les gendarmes l'emmenèrent.

On était à la messe. Comme cela, il y eut moins de curieux sur les portes. Mais ceux qui s'étaient rassemblés devant la maison se disaient:

— Qu'est-ce qu'il a donc fait, le père Labranche? Avez-vous vu, on lui a mis les menottes?

— Comme à un criminel.

— Oh! le pauvre vieux, lui qui n'a jamais fait de mal à une mouche!

— C'est drôle, tout de même.

— Qu'est-ce qu'elle va dire, la belle Tiennette?

— La Tiennette va pleurer, bien sûr.

En ce moment un paysan, qui avait causé avec un gendarme, s'approcha du groupe des causeurs.

— Je sais ce que c'est, dit-il.

Tout le monde l'entoura.

— Le père Labranche, reprit-il, s'est laissé tenter par le diable. Il a volé chez M. Vernet, du moulin de Ravaine, un sac plein d'or.

— Allons donc, c'est pas vrai.

— Je le tiens d'un gendarme. A preuve qu'on a encore trouvé dans son sac de cuir trois beaux jaunets.

— Ce serait donc vrai?

— Tout à fait vrai.

— Mais alors le chanvrier serait...

— Un vieux coquin.

Pendant toute la journée, à Lilliers, à Ravaine et dans les communes voisines, on ne parla que de l'arrestation du père Labranche, accusé d'un vol d'argent considérable au préjudice du riche M. Vernet, du moulin de Ravaine.

Etiennette s'était enfermée chez elle et pleurait toutes les larmes de ses yeux.

Or, voici ce qui s'était passé à la ferme de M. Vernet, le samedi soir, après le départ du chanvrier :

Dans la journée, M. Vernet avait vendu à un maquignon deux paires de bœufs et un poulain pour quatorze cent quatre-vingts francs. L'acquéreur avait payé comptant quatorze cents francs en or et le reste en monnaie blanche. M. Vernet avait mis l'or dans une bourse de cuir et l'argent dans sa poche.

Il n'avait pas trouvé sous sa main la clef de son secrétaire, et comme il voulait, suivant la coutume, offrir un verre de vin au maquignon, il laissa la bourse de cuir sur le meuble et conduisit son homme dans la salle à manger.

Quand on eut vidé la bouteille, on fit sortir les bêtes des écuries et le maquignon s'en alla.

M. Vernet l'accompagna un bout de chemin, puis, au lieu de revenir tout de suite à la ferme, il fit un tour sur ses propriétés pour examiner le travail des garçons qui hersaient les avoines.

Il était tard quand il rentra. Il se souvint qu'il n'avait pas serré son or, et il entra dans sa chambre pour réparer son oubli. La bourse de cuir avait disparu.

Il appela sa femme.

— Est-ce toi, lui demanda-t-il, qui as serré la bourse qui était là?

— Non, répondit-elle; je suis entrée dans ta chambre tout à l'heure et je n'ai rien vu.

— On m'a volé! s'écria M. Vernet.

— Cherche bien, mon ami, cherche encore, dit Mme Vernet.

— Je te dis qu'on m'a volé! répéta le fermier.

— Il n'est venu personne à la ferme aujourd'hui que le maquignon, reprit Mme Vernet; les domestiques sont aux champs depuis le matin et pas un n'est encore revenu. Je te le dis encore, il n'y a eu à la ferme aujourd'hui que moi et le chanvrier.

— Le chanvrier! s'écria M. Vernet, ah! c'est lui qui a fait le coup!

Devant cette brusque accusation de son mari, Mme Vernet resta un moment interdite. Enfin elle se remit et lui dit :

— Pourquoi accuser le père Labranche, un vieil homme si honnête?

—Ton père Labranche est un hypocrite et sa fille une pas grand'chose, répliqua le fermier avec colère. Fais-le venir, je veux lui parler.

— Il est parti.

— Parti déjà?...

— Sa journée était finie; il n'a pas voulu attendre le souper.

— Ah! il n'a pas voulu attendre le souper! Cela ne me surprend pas. Tu vois que c'est lui qui m'a volé, le brigand!

— Mon ami, je t'en supplie, prends garde.

— Ton chanvrier est un voleur, te dis-je!

Il sortit furieux de la ferme et courut chez le maire de Ravaine.

Un quart d'heure après, il revenait avec ce magistrat.

V.

On alluma une lampe et on fit l'inspec-
tion de la chambre où le vol avait été commis.

Tout y était en ordre.

Aucun meuble n'avait été ni ouvert, ni
forcé. Mais on ne retrouva plus une bague
en or, dont le chaton contenait une éme-
raude fort belle, et que Mme Vernet se
rappelait avoir mise dans une soucoupe
de tasse à café.

— Le gredin l'a prise pour sa fille, dit
M. Vernet.

La chambre avait été lavée le matin; on
examina le parquet. On y trouva quelques
fétus de paille qu'on supposa être tombés
des sabots du chanvrier et, chose con-

cluante, une douzaine de fragments de che-
nevottes, qui s'étaient évidemment déta-
chés des habits du chanvrier.

Son départ précipité de la ferme fournis-
sait aussi contre lui une charge accablante.

Mme Vernet, qui commençait à partager
les soupçons de son mari, laissa échapper
ces paroles :

— Je l'ai rencontré dans la cour comme
il s'en allait; je lui ai trouvé un air tout
drôle.

Dès lors, la culpabilité du chanvrier
parut suffisamment démontrée.

Un acte d'accusation, signé par le maire,
M. Vernet et plusieurs témoins, fut porté
le soir même au chef-lieu de canton, à la
gendarmerie, par le garde champêtre.

Le père Labranche ne resta que quelques
heures dans le cachot de la gendarmerie :
le jour même il fut conduit de brigade en
brigade au chef-lieu du département.

Le lundi, à huit heures du matin, il était
écroué à la prison de la ville.

Son affaire s'instruisit rapidement. Il
comparut trois fois devant le juge d'instruction et protesta énergiquement de son
innocence. Mais le juge, s'en rapportant au
rapport du maire de Ravaine et de ses

autres signataires, était convaincu d'avance du contraire.

L'instruction terminée, la chambre des mises en accusation renvoya le père Labranche devant la cour d'assises.

Quand on lui apprit cela, le pauvre homme fut bien étonné.

— Je me croyais déjà relâché, dit-il. Un juge d'instruction, c'est un homme qui en sait long; enfin, c'est la justice. Comment se fait-il qu'il n'ait pas vu que je suis innocent? Il y a donc des gens qui m'en veulent assez pour m'envoyer aux galères? Le juge est un brave homme, je le parierais; il doit avoir aussi une fille comme ma Tiennette. Il était sérieux, sévère; c'est son état d'être ainsi, la justice ne peut pas rire; mais il a l'œil bon, je l'ai bien vu quand il me regardait. Pourquoi donc a-t-il voulu me faire dire des menteries? Il faut qu'il y ait des gens derrière qui veulent me perdre. Aux assises, moi, le père Labranche, le vieux chanvrier, qui pendant toute ma vie n'ai pas été une seule fois devant notre juge de paix!

Il pensait continuellement à sa fille.

— Comment fera-t-elle pour vivre, la pauvre chérie? se demandait-il. Et moi, sans cœur, qui ai emporté le peu d'argent qu'il y avait à la maison!... On me doit bien quatre cents francs dans les maisons de Ravaine, mon travail de l'année, elle le sait, elle ira bien les demander.

Cette pensée le tranquillisait un peu, mais nel'empêchait pas de pleurer beaucoup.

On lui dit qu'il fallait prendre un avocat. Il le prit.

— Qu'est-ce que vous pensez de moi? lui demanda-t-il la veille de l'ouverture des assises.

— Que vous êtes un honnête homme, répondit l'avocat; il faut que nous fassions entrer cette conviction dans l'esprit des jurés.

Le bonhomme hocha tristement la tête.

— Le juge d'instruction n'a pas voulu me croire, dit-il, les autres feront comme lui.

L'avocat lui avait conseillé d'appeler plusieurs témoins à décharge.

— Pourquoi faire? avait-il répondu; vous direz aussi bien qu'eux tous que j'ai soixante ans et que je n'ai jamais fait de mal à personne.

Le quatrième jour des assises, le père

Labranche fut prévenu que son affaire passerait le lendemain.

Plusieurs personnes de Ravaine, parmi lesquelles le maire et M. Vernet, avaient été appelées par le parquet pour témoigner contre le chanvrier.

Etiennette, instruite du jour où son père devait être jugé, se rendit à pied au chef-lieu du département. Quatorze lieues!... Elle les fit dans la nuit. Arrivée devant le palais de justice, elle ne pouvait plus se soutenir.

Elle mangea un morceau de pain qu'elle avait dans sa poche, assise sur un banc de pierre, et dès qu'on ouvrit la salle du tribunal elle alla toute tremblante s'asseoir dans un coin.

C'était le jour des vols. Trois voleurs passèrent successivement devant le jury.

Enfin, le père Labranche, entre deux gendarmes, fut amené devant la cour.

D'un coin de la salle partit un cri, puis des sanglots.

Tout le monde se retourna, et le chanvrier plus vivement que les autres. Il vit sa fille et il lui fit signe qu'il l'avait reconnue.

Après avoir fait lever l'accusé et lui avoir

demandé son nom, son âge, le lieu de sa naissance, etc..., le président continua ainsi son interrogatoire :

— Le 19 mars dernier, vous travailliez à Ravaine?

— Oui, je peignais le chanvre de Mme Vernet.

— Où aviez-vous placé vos peignes?

— Dans une des granges, comme d'habitude.

— Le soir, vous n'avez pas attendu l'heure du souper, et vous êtes parti précipitamment?

— Oh! du même pas que les autres jours. J'avais fait mes heures de travail, ma journée était finie; il fallait travailler encore une heure ou attendre le souper les bras croisés; j'ai préféré retourner à Lilliers, afin d'être un peu plus tôt près de ma fille.

— En partant, vous aviez un air singulier; vous étiez agité.

— Moi! j'étais peut-être content, comme tous les samedis, en pensant à la journée du lendemain que j'allais passer avec ma fille.

— C'est la déclaration qu'a faite Mme Vernet.

— Monsieur le président, Mme Vernet s'est trompée.

— Vous portiez, ce jour-là, le sac de cuir que voici.

— Je le porte toujours; il ne m'a jamais quitté depuis quarante ans.

— A quoi vous sert-il?

— J'y mets des dents de peignes à chanvre, et, en été, des cerises que parfois on me donne pour ma Tiennette. De même, en automne, une poire ou une pomme, toujours pour elle, ou encore des noisettes que je vais cueillir au bois.

— Comment expliquez-vous la présence des pièces d'or qui ont été trouvées dans votre sac, le dimanche matin, par les gendarmes.

— Comment voulez-vous que j'explique une chose que je ne comprends pas? On a trouvé trois pièces d'or dans mon sac, c'est vrai; on les y aura mises par méchanceté. J'ai déjà dit cela à M. le juge d'instruction, mais il n'a pas voulu me croire.

— Parce que la chose n'est pas admissible.

— Alors, que voulez-vous que je dise? je ne sais rien du tout.

— Vous feriez mieux d'avouer tout de suite, et de nous désigner l'endroit où vous avez caché le reste de la somme.

— Mais je n'ai rien à avouer, M. le président. Je ne peux pourtant pas, pour vous être agréable, dire comme les gendarmes qui m'ont arrêté, et le papier de M. le maire de Ravaine, que je suis un voleur !

— C'est bien, dit le président d'un ton sévère ! Messieurs les jurés apprécieront votre système de défense.

Voici encore, reprit-il, plusieurs fragments, qui prouvent que vous êtes entré dans la chambre où se trouvait l'argent.

Et le président fit voir au chanvrier quelques petits morceaux de paille et de chenevotte.

— Ces brins de paille, dit-il, prouveront tout ou rien, suivant que vous le voudrez.

Il y eut comme un murmure parmi les jurés.

— Je vous le demande, messieurs, continua le père Labranche, est-ce que tout le monde, dans une ferme, ne peut pas avoir après soi des brins de paille semblables à ceux-là ?

— Et les fragments de chenevotte ?

— Ces brins-là ont été faits par moi ; ils viennent de mon travail : ce sont des peignures, je le reconnais ; mais encore une fois, messieurs, est-ce qu'une autre personne n'a pas pu les entraîner avec elle ? Je n'ai pas quitté mon travail et je ne suis entré dans aucune chambre de la ferme. Je jure que je suis innocent !

On passa à l'audition des témoins, qui ne révélèrent aucun fait nouveau.

Ensuite, la parole fut donnée au substitut, organe du ministère public.

Il parla pendant une demi-heure avec beaucoup d'éloquence.

— Voyez, dit-il d'une voix indignée, l'endurcissement de cet homme, prêt à descendre dans la tombe, fatal résultat de la mauvaise éducation qu'il a reçue ! Il pourrait avouer son crime ; non, il le nie ! Il pourrait se repentir ; il ne le veut pas ! Implore-t-il seulement l'indulgence du jury ? Non. Il reste impassible devant la majesté de la justice. Et il ne s'humiliera pas devant elle. Son abaissement et sa dégradation ! il en fait son orgueil !

On cherchera à vous attendrir en vous parlant de son affection pour sa fille. Mensonge, messieurs ; s'il avait aimé son enfant, il ne l'aurait pas élevée dans les goûts d'une précoce perversité. C'est le père qui a constamment encouragé la coquetterie de sa fille et l'a poussée à faire ces folles dépenses qui l'amènent aujourd'hui sur le banc des criminels.

Et si l'on vous démontrait que ce vieillard aimait réellement son enfant, vous auriez encore là une preuve de son crime; car, pour donner un aliment aux prodigalités de sa fille, il n'a pas reculé devant un acte odieux, devant le vol de 1,400 francs et d'une bague, joyau qu'il n'a probablement pas eu le temps de lui offrir.

Il termina en demandant au jury l'application sévère de la loi.

VI

L'avocat du père Labranche parla de son existence honorable, laborieuse et si bien remplie par cinquante ans de travail, de l'estime et de la considération dont il jouis sait partout. Il passa ensuite à la réfutation des arguments du ministère public, et, s'emparant ues réponses mêmes du prévenu dans son interrogatoire, il tâcha de détruire les preuves accumulées contre lui, en soutenant que les pièces d'or avaient été mises dans son sac par une main malveillante.

Il termina sa plaidoirie en suppliant les jurés de rendre l'honnête et malheureux père Labranche à sa fille et à son travail par un verdict de non culpabilité.

Après les paroles de l'avocat et une courte réplique du ministère public, le président

4

ayant demandé au prévenu s'il avait quelque
chose à ajouter pour sa défense, le père
Labranche se leva.

Il était très-pâle. On vit qu'il y avait des
larmes dans ses yeux.

— Monsieur le président, dit-il d'une
voix tremblante d'émotion, si messieurs les
jurés ne croient pas à mon innocence maintenant, je ne vois pas ce que je pourrais
leur dire pour les convaincre. Je suis un
pauvre homme, moi, je parle simplement,
comme je pense. Ce n'est pas ma faute si je
ne peux pas bien faire comprendre que je
dis la vérité.

Monsieur mon avocat a bien parlé; ce
qu'il a dit, il me semble que je l'avais
pensé; mais, moi, je n'aurais pas su le *raconter*.

L'autre monsieur aussi a bien *causé*,
mais il a été dur et bien injuste envers ma
pauvre enfant et moi. Elle est coquette; eh
bien! n'est-ce pas de son âge de l'être? Est-
ce qu'on va lui faire un crime de ce qu'elle
est jolie? Dans ce cas là, il faut faire des
reproches au bon Dieu. Et puis, qu'est-ce
que vous appelez être coquette? je ne le
sais pas, moi. Elle a de beaux cheveux, ma
fille; est-ce qu'il faut qu'elle les cache?

Faut-il aussi qu'elle cache ses yeux, parce qu'ils sont bleus, et ses dents parce qu'elles sont blanches?

Je lui ai acheté, l'an passé, une paire de boucles d'oreilles de quinze francs; elle n'en avait pas encore. Quinze francs, ce n'est pas cher; ça l'a rendue plus jolie, mais ça lui a fait plaisir pour plus de douze cents francs. J'étais content. Faut-il reprocher à un vieux père d'être heureux du bonheur de son enfant?

Est-ce parce qu'elle ne met pas de gros souliers comme moi, et qu'elle porte des bottines fines, qu'elle est coquette?

Moi, j'ai de gros pieds durs et qui ont marché longtemps, tandis que ma fille a des pieds mignons.

Elle aime à mettre un fichu neuf, une jolie robe, qu'elle se fait elle-même, et un jupon blanc. La belle affaire! un fichu de quarante sous, un jupon de cinq francs et une robe de quinze! Et puis, c'est mon argent, c'est moi qui le gagne; faudrait-il mieux que je prive ma fille d'un petit plaisir et que je la laisse dans un coin prendre du vert-de-gris?

Elle est donc bien coupable, ma fille, parce qu'elle aime à aller nu-tête, coiffée avec ses cheveux, plutôt que de porter un bonnet de vieille femme ?

Elle est coquette, vous l'avez dit. Soit. Mais est-ce qu'elle est méchante, ma fille ? Est-ce qu'elle se conduit mal ? A-t-elle jamais fait parler d'elle ? Demandez donc aux gens de Lilliers si Etiennette n'est pas une bonne fille, et demandez-leur aussi comme elle aime son vieux père !

Je suis un vieil endurci... ça se voit... Voilà que je pleure comme une bête !

Le pauvre homme avait, en effet, les joues baignées de larmes.

Dans l'auditoire, beaucoup de personnes pleuraient. Les jurés eux-mêmes étaient vivement impressionnés. Dans le coin où elle s'était assise, Etiennette n'avait pas cessé de sangloter.

— Le pauvre vieux, disait-on, il sera tout de même condamné.

— Ce doit être sa fille qui pleure si fort ?

— Oui, c'est elle.

— Elle est vraiment bien jolie.

— Adorable.

— Pourquoi n'avoue-t-il pas ? S'il rendait l'argent, il n'en aurait peut-être que pour un an.

— A combien croyez-vous qu'il sera condamné ?

— A quatre, peut-être à cinq ans.

— Je ne crois pas; il a ému le jury.

— Alors, le jury diminuera un peu la peine.

— Vous croyez qu'il ne l'acquittera pas ?

— Impossible, la culpabilité est prouvée.

Le président achevait de résumer les débats. Un instant après, les jurés se retirèrent pour délibérer, et le président fit sortir le prévenu.

La délibération du jury ne dura pas plus de douze minutes. Il rentra dans la salle d'audience. Il avait reconnu le père Labranche coupable de vol; mais, en raison de son âge et de ses bons antécédents, il lui accordait le bénéfice des circonstances atténuantes.

Etiennette ne savait pas du tout ce qu'est une Cour d'assises ; elle entendit bien les paroles du chef du jury, mais elle ne comprit point. Au contraire, elle s'imagina que les mots circonstances atténuantes, signifiaient acquittement.

Elle cessa de pleurer et elle sentit que son cœur se gonflait de joie.

Elle vit rentrer son père, et comme la

première chose qu'il fit fut de regarder sa
fille, elle lui sourit.

On lut à l'accusé la déclaration du jury.
Le ministère public dit quelques paroles,
auxquelles répondit brièvement l'avocat;
puis, après une courte délibération de la
Cour, le président donna lecture du troisième paragraphe de l'art. 386 du Code
pénal, et prononça l'arrêt qui condamnait
Joseph Labranche à deux ans de prison.

Etiennette poussa un cri perçant et tomba
sans connaissance.

Le chanvrier n'entendit pas le président
qui lui disait :

— Vous avez trois jours pour vous pour-
voir en cassation.

Il voulut s'élancer dans la salle d'audience pour secourir sa fille. Il fallut toute
la force d'un gendarme, qui le prit à bras-
le-corps, pour l'empêcher de sauter par dessus la balustrade.

Il se débattait avec fureur, et on eut
beaucoup de peine à l'entraîner hors de la
salle.

Beaucoup de personnes avaient entouré
la fille du condamné, mais plus encore par
curiosité que par intérêt. On l'avait relevée
et elle commençait à revenir à elle, lors-

que l'avocat de son père, écartant tout le monde, s'approcha pour lui donner ses soins.

— Mademoiselle, veuillez prendre mon bras, lui dit-il, quand il vit qu'elle pourrait marcher.

Elle se leva et elle sortit du Palais de justice appuyée sur le bras de l'avocat.

Celui-ci mena Etiennette chez lui et la présenta à sa femme, qui reçut la pauvre fille très-affectueusement. Il était l'heure du dîner; malgré sa résistance, Etiennette dut s'asseoir à la table de l'avocat. Elle mangea un peu et se trouva beaucoup mieux.

— Vous avez été bien bon pour mon père, monsieur, dit-elle, et je vous remercie de tout mon cœur. Si on ne me l'a pas rendu ce n'est pas votre faute.

— Hélas! je n'ai pas fait assez, répondit l'avocat.

— Nous avons contracté envers vous une grosse dette, une dette de reconnaissance, d'abord, et une dette d'argent; nous nous acquitterons de la première; pour l'autre, nous sommes de pauvres gens, il faudra que vous attendiez longtemps, monsieur.

— Mademoiselle, nous parlerons de cela

quand votre père aura subi sa peine. L'a-
vocat est comme le médecin, il est l'ami des
malheureux et ne doit pas toujours travailler pour de l'argent.

— Vous avez bon cœur, monsieur, et
vous aussi, madame, ajouta-t-elle en se
tournant vers la femme de l'avocat.

Elle lui prit la main et la porta à ses
lèvres.

— Quelle distinction et quelle délicatesse
de sentiments! se disait l'avocat. Croirait-on
que cette jeune fille a été élevée dans un
village et qu'elle est la fille d'un pauvre
peigneur de chanvre!

— Monsieur l'avocat, demanda Etiennette, est-ce que je n'aurai pas la consola-
tion de voir mon père avant de repartir
pour Lilliers?

— Demain vous le verrez, mademoiselle; je vous promets d'obtenir l'autorisation nécessaire.

L'autorisation fut envoyée le soir même
par le magistrat qui avait présidé la Cour
d'assises et qui, ayant appris que la jeune
fille était chez l'avocat, avait tenu à lui
faire savoir qu'il la plaignait dans son in-
fortune.

— Encore un qui n'est pas bien convaincu

que Labranche soit coupable, dit l'avocat
en passant à sa femme la petite lettre du
magistrat, qui accompagnait l'autorisation
délivrée par le parquet.

— Alors, pourquoi le condamner ?

— C'est le jury.

Etiennette coucha chez l'avocat. Elle
avait le corps brisé de fatigue. Elle dormit
jusqu'au lendemain matin.

On la fit déjeuner à huit heures, puis,
l'avocat étant prêt, ils se rendirent à la
prison.

L'entrevue du père et de la fille fut des
plus touchantes. Ils se tinrent longtemps
embrassés.

— Pardon, monsieur l'avocat, disait le
chanvrier; si vous saviez... j'aime tant mon
Etiennette! Et puis, je vais être si longtemps sans la voir !...

Il remit à sa fille une feuille de papier,
qu'il avait préparée à l'avance, et sur laquelle étaient écrits les noms de ceux qui lui
devaient, et, en regard, les sommes dues.

— Avec ça, lui dit-il, tu iras un bout de
temps. Tu toucheras à mesure que tu auras besoin. Il faudra être bien économe. Si
je n'avais pas été malade l'été dernier, tu
aurais cent francs de plus.

— Et toi, père?

— Moi, je n'ai besoin de rien ; il me
reste quelque chose de ce que tu m'as
donné. Nous allons encore partager. Tiens,
voilà vingt francs.

Il força sa fille à les prendre.

— Pendant deux ans on me nourrira à
rien faire, dit-il, avec un triste sourire.

Mais il pleura quand le moment de la séparation fut arrivé.

VII

L'avocat ramena la jeune fille chez lui.

On lui fit prendre un consommé, et on la força à manger un peu avant de se mettre en route.

Elle voulait repartir à pied. L'avocat le lui défendit. Il la mena à la voiture qui faisait le service du canton au chef-lieu, et paya sa place.

Revenue à Lilliers, Etiennette se trouva encore plus triste, plus seule, et plus isolée que les jours précédents. Elle n'avait plus l'espoir qui, pendant un mois, l'avait soutenue.

Elle resta plusieurs jours presque constamment enfermée chez elle. Elle n'osait plus se montrer. Quand elle rencontrait quelqu'un, elle se détournait. Du reste, on ne chercha point à la consoler, nul ne s'intéressait à elle.

Elle vécut ainsi pendant plus d'un mois; elle avait dépensé son dernier sou.

Elle savait coudre; elle aurait pu faire de jolis ouvrages de lingerie; mais elle n'osa se présenter nulle part. Elle se disait :

— On ne m'occupera pas.

Elle n'avait plus d'amies et personne pour la protéger.

C'était un paria! Pensez donc, la fille d'un voleur!... Quelle jeune fille aurait eu l'audace de la fréquenter?

Quelle famille aurait eu le courage de la recevoir et d'essayer de la consoler?

L'ancienne amie qui serait entrée chez elle eût été montrée au doigt.

Les meilleurs n'osaient lui témoigner de la pitié par crainte des autres.

On lui faisait payer bien cher quelques avantages, qu'elle devait à la nature, et qu'elle avait sur ses compagnes.

On ne se souvenait plus du passé honorable du père: on ne voyait que sa condamnation. Pendant cinquante ans, il avait trompé tout le monde. Il n'avait jamais été qu'un infâme scélérat, et sa fille devait lui ressembler.

Le curé de Lilliers était venu la voir; il l'avait vivement engagée à venir à confesse. Elle y alla. Mais le curé, comme tout le monde, croyait à la culpabilité du chanvrier. Il demanda à la jeune fille de lui indiquer l'endroit où le père Labranche avait caché l'argent volé.

— Mon père n'a pas volé M. Vernet, protesta-t-elle en pleurant.

Elle sortit de là indignée, le cœur navré.

Depuis, Etiennette n'allait plus aux offices du dimanche; elle priait chez elle.

Et les gens de Lilliers disaient :

— La malheureuse! voyez ce qu'elle devient. La voilà tout à fait livrée au démon.

Un jour, Etiennette se trouva sans pain et sans argent pour en acheter.

C'était un dimanche. Etiennette poussée par la nécessité, s'arma de courage et alla à Ravaine.

Elle avait dans sa poche le nom de ceux qui devaient à son père.

— On me donnera bien vingt francs, se dit-elle; avec ça je ferai un mois. La fenaison va venir, on voudra peut-être bien de moi pour faner, et, pendant la moisson, pour lever les javelles?

Dans la première maison où elle se présenta, on lui répondit séchement qu'on n'avait pas d'argent à lui donner.

Elle se retira un peu confuse et alla dans une autre. Elle y fut moins bien reçue encore.

— Qu'est-ce que vous venez nous demander? lui dit-on; si nous devons à votre père, ce n'est pas à vous. Quand il viendra nous réclamer son dû, on le lui donnera.

Elle avait le cœur gros en sortant. Elle hésita avant d'entrer dans une troisième maison. Mais la pauvre fille n'avait pas soupé la veille, ni déjeuné le matin.

— Par exemple, vous êtes bien hardie de venir nous demander de l'argent que nous ne devons pas. Le chanvrier! il y a beau temps que nous l'avons payé.

— Mon père a écrit lui-même sur du papier que vous lui deviez 12 francs.

— Votre père est un vieux gueux, qui voudrait nous faire payer deux fois. Mais nous ne le craignons pas; il peut nous faire appeler en justice, et nous verrons qui sera cru. Nous ne sommes jamais allés en prison, nous!

Etiennette baissa la tête et sortit précipitamment.

C'en était trop pour la pauvre fille. Elle n'osa plus aller nulle part et sortit de Ravaine en pleurant.

— Mon Dieu ! se disait-elle, je crois que les habitants de Ravaine sont encore plus méchants que ceux de Lilliers. Si les gens qui doivent à mon père me reçoivent ainsi que puis-je espérer des autres ? Eh bien ! je mourrai de faim, voilà tout.

Une femme l'attendait, assise devant la porte de sa maison. Elle la reconnut de loin. C'était la vieille mendiante. Il y avait bien trois mois qu'elle ne l'avait vue.

Quand la jeune fille fut près d'elle, la mendiante se leva.

— Voulez-vous entrer ? lui dit Étiennette.

— Avec plaisir, mignonne.

— Je ne vous donnerai pas de pain, je n'en ai plus, et il y a trente heures que je n'ai pas mangé.

La mendiante découvrit sa hotte et la renversa sur la table, qui fut couverte d'une vingtaine de morceaux de pain.

— Tout de même, dit-elle, nous souperons ensemble ce soir.

Et de sa poche elle tira une énorme tranche de lard cuit.

— Nous sommes loin du temps où je vous offrirai du pain blanc mollet, dit la jeune fille avec un sourire intraduisible.

— Il viendra, ma mie, répliqua la mendiante. Quand le bon Dieu fait souffrir comme ça une de ses meilleures créatures, sans qu'elle l'ait mérité, c'est qu'il lui réserve des jours de grand bonheur.

— Dans l'autre monde.

— Pourquoi pas dans celui-ci? Tu es jeune, ma mie; à ton âge, il faut toujours espérer.

— Vous ne savez pas comme je suis malheureuse.

— Que si, je le sais bien. Parmi les gens d'ici, il y a, comme partout, des envieux, des égoïstes, méchants et bêtes! et encore moins méchants que bêtes! Je sais tout. Ton père est en prison pour vol. C'est bien, on saura la vérité un jour. Le plus malheureux, ce n'est pas lui. Rira bien qui rira le dernier. Laisse passer l'orage, Tiennette; abrite-toi le mieux que tu pourras et attends.

Moi, vois-tu, ajouta-t-elle, d'un ton inspiré, je suis sûre de ton étoile : elle est bonne. Il y a des nuits, quand je dors, au clair de la lune, dans un champ de luzerne, que je l'aperçois toute petite et éblouissante dans un coin de la grande voûte bleue.

Étiennette sourit tristement.

— Et le Félix, en as-tu des nouvelles?

— Non, il ne songe plus à moi, il m'a oubliée; il a bien fait.

— Faudra voir, fit la mendiante.

En s'en allant le soir, elle dit à Étiennette :

— Mignonne, je te dirai bonjour dans huit ou dix jours, en repassant par Lilliers.

Après son départ, la jeune fille fut bien surprise de trouver dans sa poche cinq francs que la mendiante y avait fait tomber.

C'était la même pièce que Félix Vernet avait donnée à la vieille plusieurs mois auparavant, et qu'elle avait toujours conservée.

Étiennette le devina; et elle se mit à pleurer en regardant cette pièce, qui lui rappelait des jours plus heureux, et celui qu'elle aimait si ardemment et dont elle était à jamais séparée.

Elle tressaillit aussi à cette pensée que

5

Félix, à son insu, allait la nourrir pendant quelques jours.

Il y avait donc encore quelque chose de commun entre eux ?

A Lilliers, il y avait un notaire qui passait pour un assez brave homme, en ce sens qu'il ne disait du mal de personne. Il avait amassé une belle fortune parce que, disait-on, il avait, à Lilliers et ailleurs, pratiqué l'usure pendant plus de trente ans.

Ce notaire, qui était fort laid et avait les cheveux rouges, possédait un fils unique, rouge et laid comme son père, son portrait vivant et nullement flatté.

Naturellement, le notaire adorait cette parfaite représentation de lui-même dans la personne de monsieur son fils, depuis ses jambes de basset jusqu'à sa toison couleur carotte.

Ce charmant jeune homme de vingt-cinq ans était, d'ailleurs, aussi remarquable au moral qu'au physique.

Il avait pu obtenir à Paris le diplôme de licencié en droit, et il était revenu chez son père rapportant, avec le peu qu'il avait appris, la suffisance et la morgue du parvenu, la distinction que l'on acquiert à la Closerie des Lilas, le scepticisme des brasseries, et les passions et les vices qu'on recueille un peu partout.

M. Théodore se morfondait à Lilliers, dans l'étude de monsieur son père, entouré de vieilles paperasses couvertes de poussière.

Si encore on eût été au temps de la chasse, M. Théodore aurait pu se distraire.

Il chercha le moyen de se désennuyer et, à défaut de lièvre et de perdrix, il voulut chasser un autre gibier.

Il avait vu Étiennette trois ou quatre fois, et il se dit que la belle enfant ferait admirablement son affaire.

Il savait son extrême misère et son isolement. Personne ne viendrait se placer entre elle et lui ; évidemment, la réussite était facile. Il n'en douta point.

— Cela me coûtera bien quelques écus, pensait-il ; mais je saurai bien délier les cordons de la bourse à papa.

Un soir, à la brune, il arriva furtivement chez la jeune fille.

— Qu'est-ce qu'il y a pour votre service, monsieur ? lui demanda Étiennette.

— Le plaisir de vous voir, ma belle enfant, répondit-il, en souriant d'un air fat.

La jeune fille, étonnée, baissa les yeux.

— Vous n'êtes pas heureuse, m'a-t-on dit; vous manquez de tout.

— Je ne suis pas heureuse, en effet, monsieur, et je manque de beaucoup de chose.

— Eh bien! charmante Etienstte, c'est ce que je ne souffrirai pas. Nous devons tous nous entr'aider et je ne veux pas que vons manquiez encore de pain comme il y a huit jours.

— Quoi, monsieur, vous savez?...

— Est-ce qu'on ne sait pas tout ce qui touche aux personnes à qui l'on s'intéresse?

VIII

La jeune fille regarda son interlocuteur comme si elle eût voulu lire jusqu'au fond de sa pensée.

Après un moment de silence elle lui dit :

— Vous êtes bien bon, monsieur, de vous intéresser à moi.

— Voyons, que vous reste-t-il encore d'argent ?

— Plus rien, monsieur.

— Plus rien ! pauvre petite ! Tenez, gentille Étiennette, voilà vingt francs.

Et il posa une pièce d'or sur la table.

— Mais, monsieur...

— Acceptez.

— Je ne pourrai peut-être pas vous le rendre.

— Est-elle assez naïve ? pensa-t-il.

Et il se mit à rire.

— Eh bien, reprit-il, vous ne me le rendrez pas, voilà tout.

La jeune fille était toute rouge d'émotion; il s'imagina que c'était de plaisir.

Il s'approcha plus près d'elle, la prit par la taille, l'attira contre lui et l'embrassa.

La jeune fille le repoussa, et se levant brusquement :

— Monsieur, lui dit-elle avec une froide dignité, vous oubliez que je suis une honnête fille!

— Voyons, ma chère enfant, vous êtes trop intelligente pour ne pas comprendre que je vous aime.

— Monsieur, mon intelligence n'est pas assez étendue pour tout deviner. Cependant, je comprends bien que vous êtes venu me rendre un service avec l'intention de vous le faire payer.

— Un baiser ne coûte pas cher, fit-il avec impudence.

— C'est possible, monsieur, mais c'est une chose que je ne vends, ni ne donne.

— Diable! pensa-t-il, une vertu!... Mais c'est superbe! j'en serai amoureux fou pendant six mois.

Voyons, mademoiselle Étiennette, re-

prit-il en changeant de ton, j'ai peut-être
été un peu vif, mais il ne faut pas m'en
vouloir. Certes, je serais désolé de vous
faire de la peine. Qu'est-ce que je veux?
Vous rendre heureuse. Vous vivez tout à
fait isolée, je viendrai vous voir; je serai
votre ami, vous m'aimerez bien un peu! Je
vous donnerai tout l'argent dont vous aurez
besoin; vous n'aurez plus de soucis, plus
d'inquiétudes. Vous vous achèterez une
chaîne d'or, un joli mantelet de soie.

— Vous avez fini, monsieur? répliqua la
jeune fille, dont la voix tremblait un peu;
j'ai peu de chose à vous répondre. Si j'a-
vais un frère et que je l'entendisse dire à
une jeune fille les paroles outrageantes que
vous venez de m'adresser, je ne lui par-
donnerais jamais. Quant à vous, monsieur,
votre insulte ne m'atteint pas, tellement
elle est odieuse et lâche!

— Bien répondu, Étiennette! dit une
femme en ouvrant brusquement la porte.

C'était la vieille mendiante.

Elle s'avança, la hotte sur le dos, et s'arrêta devant le fils du notaire, les deux
mains appuyées sur son bâton.

— Noble fils de ton père, lui dit-elle
d'une voix railleuse, il te faut, paraît-il,

quelque pauvre fille de village pour t'aider
à passer ton temps! Tiens, que n'amenais-
tu de Paris une de ces créatures dont c'est
le métier d'amuser les jolis messieurs
comme toi? Quand je dis joli, faut pas
croire que je te fais une *tendresse.* Tu sais
bien que tu es au moins aussi vilain que
ton père. Tu as vingt-cinq ans, si je ne me
trompe; le notaire a des écus; pourquoi
ne te maries-tu pas, puisqu'il te faut une
femme? Ça vaudrait mieux que de faire
tourner à mal les *jeunesses* du pays.

Mâtin! J'entends dire partout qu'il faut
bien éduquer les enfants; on ne dira pas
que ton bonhomme de père n'a pas dépensé gros pour que tu ne sois pas un âne;
mais si l'on trouve que tu es bien éduqué,
toi, j'aime mieux qu'on laisse pousser nos
mioches tout seuls, les pieds dans la poussière et la tête au soleil.

Va-t'en, mon garçon, et souviens-toi de
ce que je viens de te dire. Si tu as encore
quelque chose qui bat dans ta poitrine, de-
viens meilleur; si tu es tout fait à méchant,
tant pis pour toi.

N'oublie pas ton argent; il est mal venu
ici. Tiennette peut avoir faim, mais elle
est honnête fille; elle ne mange pas de ce
pain-là.

Le rousseau ramassa ses vingt francs, et s'en alla, honteusement, poursuivi par le regard aux reflets fauves de la mendiante.

— Je suis arrivée bien à propos pour te délivrer de ce vilain gas, dit-elle à la jeune fille. Aujourd'hui, je n'irai pas plus loin si tu le permets, je dormirai sous ton toit, n'importe dans quel coin.

— Voilà le lit de mon père, répondit la jeune fille.

— Dorénavant, Tiennette, reprit la vieille, pousse le verrou de ta porte : il ne faut pas qu'on puisse entrer comme ça chez toi sans ta permission.

Ce soir-là, ce fut la mendiante qui fit les frais du souper, et, le lendemain matin, quand elle se remit en route, elle laissa à la jeune fille du pain pour une semaine.

Mais la semaine écoulée, Etiennette se retrouva dans la même situation. Cette vie de misère et de famine n'était plus possible.

Elle se hasarda à aller demander de l'ouvrage dans quelques maisons de Lilliers ; on lui rit au nez.

Elle vendit à un marchand ambulant ses boucles d'oreilles, et la croix et la chaîne d'or qu'elle portait à son cou.

Une autre fois, elle vendit d'un seul coup, à un marchand qui achetait pour revendre dans les foires, la plupart des effets à son usage : toutes ses robes, à l'exception d'une seule, la moins jolie, mais la plus solide.

Il restait encore dans la maison les meubles et le linge ; mais tout cela appartenait à son père, et pour rien au monde elle n'aurait voulu y toucher.

Quand Etiennette eut épuisé toutes ses ressources, — ce qui ne fut ni long, ni difficile, — elle comprit qu'elle ne pouvait plus rester à Lilliers. Elle fit un petit paquet de son linge, ferma les portes de la maison et s'en alla. Où? Elle n'en savait rien.

Elle s'éloignait de Lilliers sans regrets. Elle y avait tant souffert ! Les habitants s'étaient montrés pour elle si durs et si cruels !

Et puis, elle savait que le fils du notaire rôdait constamment autour de sa demeure, et elle avait peur de cet homme.

Machinalement, elle prit le chemin de Ravaine ; quand elle s'en aperçut, elle tressaillit et se dirigea d'un autre côté. Le premier village qu'elle rencontra fut celui de Fergis. Il est à plus de deux lieues de Lilliers et à moins d'une lieue de Ravaine, quand on monte une côte et qu'on traverse un petit bois pour y arriver.

Le père Labranche était bien connu à Fergis, mais Etiennette fort peu. Elle pensa qu'elle y trouverait du travail. Elle entra dans la première grosse maison qui s'offrit à ses yeux et demanda si on voulait l'occuper.

On finissait de rentrer les foins, mais les moissons allaient commencer.

— Tout de même, répondit la fermière; seulement, ce sera pour votre nourriture et pour le coucher, car vous ne devez pas savoir faire grand'chose.

— J'apprendrai ce que je ne saurai pas, dit-elle de sa plus douce voix.

— Nous verrons. De quel pays êtes-vous?

— Je suis la fille du père Labranche, de Lilliers, répondit-elle timidement.

La fermière fronça les sourcils.

— Ça ne fait rien, dit-elle; si vous travaillez bien, si vous êtes sage et pas mauvaise tête, on tâchera tout de même de vous garder.

Etiennette plaça son paquet dans un coin qu'on lui indiqua, et la maîtresse lui ayant mis dans la main un vieux balai, elle l'envoya nettoyer les écuries.

Quel travail!

Naturellement, elle le fit fort mal.

On le lui reprocha si durement que les larmes lui en vinrent aux yeux.

— C'est la première fois, madame, dit-elle à la maîtresse; demain, je ferai mieux.

Le hasard venait de faire d'Etiennette une servante de ferme et une fille d'écurie.

Comme elle était timide, douce, craintive, et qu'elle ne se plaignait jamais, les patrons et même les ouvriers de la maison ne tardèrent pas à abuser de sa complaisance et de sa docilité. On l'accablait de travail, et on lui laissait les corvées les plus répugnantes. Ainsi, on lui faisait charger les voitures de fumier, pendant qu'une grosse fille aux mains rouges et calleuses était occupée à repriser du linge.

Les manœuvres et domestiques des deux sexes employés dans la ferme étaient des gens ignorants et grossiers. Les femmes devinrent jalouses d'Etiennette, parce qu'elle était jolie, et les hommes ne pouvaient lui pardonner son air réservé et son langage correct, qui contrastait singulièrement avec leur rusticité.

Ce qui aurait dû les intéresser en faveur de la jeune fille : sa douceur, sa délicatesse et sa soumission, ne servait au contraire qu'à les animer contre elle. La façon dont elle arrangeait ses cheveux leur déplaisait. Ses mains blanches les offusquaient.

Tout ce qui était à son avantage, ils le tournaient en ridicule, sottement et méchamment.

Pour eux, elle était prétentieuse et hypocrite. Ils l'appelaient, par dérision, la princesse aux ongles roses ou la marquise de l'œil mouillé, faisant ainsi allusion aux larmes qu'ils lui faisaient verser.

Elle comprit ce qui lui attirait tant d'animosité de la part de ces méchantes gens et elle résolut — bien que cela lui coutât beaucoup — de ne plus prendre aucun soin apparent de sa personne.

Avec un lambeau d'indienne à petits carreaux bleus, elle se fabriqua un bonnet, sorte de béguin fort disgracieux, dans lequel elle emprisonna ses beaux cheveux.

Elle s'habitua à marcher avec des sabots.

Elle essaya de parler comme les autres.

— Elle se forme, la fille Labranche, disait le fermier avec un gros rire; je crois, parole d'honneur, que nous en ferons quelque chose.

Le misérable! Elle faisait à elle seule le travail de deux servantes, et il ne lui donnait pas un rouge liard.

IX.

Etiennette n'avait pas droit à la lessive comme les autres servantes, et elle était obligée de laver son linge seulement à l'eau chaude. On n'osait pas lui refuser le savon.

On lui devait la nourriture et le coucher.

On ne l'admettait pas à table; elle mangeait dans un coin, sur ses genoux, le morceau de pain noir qu'on lui jetait, la gamelle qu'on lui passait.

Parlons du coucher. Dans un grenier ouvert à la pluie et à tous les vents, il y avait un immense coffre de bois tout défoncé. Dans ce coffre, qui avait servi autrefois à mettre de l'avoine ou du blé, on avait entassé de la paille. Sur cette litière, on avait jeté un matelas, non pas de laine ou de crin — ces choses-là se vendent à la ferme — mais d'étoupe. En ajoutant à cela deux longues pièces de toile à fabriquer des sacs, on avait complété le lit de la pauvre Etiennette.

Pas de traversin, pas d'oreiller, c'est du luxe, cela. En soulevant la paille, la jeune fille élevait sa tête.

N'oublions pas, pour achever ce tableau, les rats qui rongeaient le coffre, les souris qui hachaient la paille et les charençons et autres insectes qui couraient partout.

C'est ainsi qu'elle passa l'été et les mois de septembre et d'octobre.

A cette époque, quand elle avait fini son travail à la ferme, on l'envoyait dans les champs avec une bande d'oies, dont la surveillance lui était confiée.

Ses vêtements, qu'elle n'avait pu renouveler, faute d'argent, n'étaient plus que des haillons.

Elle n'avait plus revu la mendiante. Elle était toujours sans nouvelles de Félix Vernet. Elle pensait bien qu'il l'avait oubliée, qu'elle n'était plus rien pour lui; mais comme, malgré tous ses efforts, elle ne pouvait parvenir à chasser de son cœur le souvenir du meunier, elle souffrait beaucoup. Félix, qu'elle avait cru bon et sincère, ressemblait-il donc à ceux qu'elle connaissait : égoïstes, orgueilleux et méchants?

Tous les mois, elle recevait une lettre de son père et elle s'empressait de lui répondre.

Lire une lettre, en écrire une autre était sa grande distraction et son seul bonheur.

Un jour elle mena ses oies — ou plutôt celles-ci la conduisirent — sur le plateau de la côte qui s'élève comme une barrière entre Fergis et Ravaine.

Sur le flanc du côteau, du côté de Fergis, commence un bois qui s'étend à gauche bien plus loin que la commune.

Le plateau et le versant qui regarde Ravaine, offrent à la culture une terre jaunâtre, légère et extrêmement fertile.

A droite, en face de la vallée, la côte change brusquement d'aspect; ce ne sont plus que d'énormes roches noires et grises qui jaillissent de terre et dressent dans tous les sens leurs têtes difformes.

Au pied de ces roches passe la grande route, et un peu plus bas, dans le fond du val, la Présle, une rivière dans laquelle

6

l'eau court toujours, et qui devient un tor-
rent après un jour de pluie.

Ce jour-là, assise sur un banc, formé par
deux roches, elle tricotait des bas de laine
pour son maître.

Tout à coup, elle vit accourir de son côté
la sœur de Félix Vernet. De loin en loin,
la pauvre Anna venait ainsi lui faire une
visite.

— Félix est revenu au moulin, dit-elle
en riant à Etiennette, et en frappant joyeusement ses mains l'une contre l'autre.

Puis sa figure reprit une expression douloureuse et elle ajouta :

— Il n'y a que Charles qui ne revient
pas.

X.

Trois mois ne s'étaient pas écoulés depuis la fuite de Félix, que déjà son père se repentait sérieusement d'avoir, par ses paroles violentes et ses menaces, froissé son fils, blessé sa susceptibilité et provoqué son départ de Ravaine.

Pourquoi avait-il eu la sotte idée de lui défendre de tourner autour de la fille du père Labranche? Il se le demandait, et convenait avec lui-même qu'il avait été on ne peut plus mal inspiré.

— Est-ce qu'il ne faut pas que jeunesse se passe? se disait-il. Félix pouvait bien faire la cour à la Tiennette, s'amuser un brin avec elle, sans avoir pour cela l'envie d'en faire sa femme.

Ainsi raisonnait M. Vernet, le plus considéré des riches propriétaires de Ravaine.
C'est odieux!

Mais ne croyez pas que ce fermier, peu
scrupuleux, soit un type à part. Malheureusement, beaucoup de pères pensent de
même, à la ville comme au village, et leurs
fils agissent en conséquence, qu'ils soient
les oisifs du boulevard de Paris, les commis
de nouveautés ou les Narcisses de la charrue.

Aussi, malheur à la pauvre brebis qui
s'éloigne du berger; si elle n'est pas assez
forte pour se garder elle-même, elle est impitoyablement dévorée par les loups.

M. Vernet avait écrit plusieurs lettres à
son fils pour le supplier de revenir à Ravaine reprendre l'exploitation du moulin.

« Il est à toi, lui disait-il, et ce serait de
ta part une grande folie que de laisser tomber à rien cet instrument de fortune. Depuis
que tu n'es plus là, écrivait-il dans sa dernière lettre, j'ai changé quatre fois de meunier; ils sont bêtes à manger des chardons.
Il y a toujours de l'eau dans la rivière,
mais les meules ne tournent plus guère.
Tes clients s'en sont allés un peu de tous
les côtés; il faut absolument que tu re

viennes au plus vite pour réparer le dommage et sauver le moulin d'une ruine complète. »

A chaque lettre de son père, Félix avait répondu — et toujours avec beaucoup de respect — qu'il n'était pas libre, qu'il avait pris un engagement vis-à-vis de son meunier, et qu'il ne pouvait pas le quitter sans commettre un acte malhonnête.

En réalité, Félix n'avait pris aucun engagement sérieux. Son patron voulait lui donner, en plus de ses gages, un fort intérêt dans les affaires du moulin, afin de se l'attacher pendant plusieurs années au moyen d'un acte; mais le jeune homme refusa, préférant garder toute sa liberté.

S'il ne se rendait pas au désir de son père, c'est que la blessure faite à son cœur par ce dernier n'était pas encore cicatrisée.

Un soir, qu'il se reposait de son travail de la journée, assis devant la porte du moulin, une vieille femme vint à passer.

En la voyant, il se leva et lui dit :

— La mère, vous paraissez bien fatiguée. Voulez-vous vous asseoir un instant sur ma chaise, le temps de boire un pichet de vin vieux?

— C'est pas de refus, garçon, dit-elle

avec un clignement d'yeux qui lui était particulier et qui annonçait sa satisfaction ; car j'ai fait une bonne trotte aujourd'hui. Est-ce que tu m'as reconnue?

— Pour ne pas vous reconnaître, il faudrait que j'eusse la mémoire bien courte ou de bien mauvais yeux.

— Dis-donc, garçon, tu es donc le maître pour m'offrir comme ça un bon pichet de vin vieux.

— Non, mais j'ai la permission du patron.

— Ça prouve que les gens de ce moulin ne te détestent pas. Félix, va chercher le *pichenet;* j'ai soif tout de même. En me reposant, je boirai à petits coups et nous causerons un brin.

Le jeune homme courut chercher le petit broc de vin et apporta en même temps à la mendiante une grosse part de galette toute chaude.

— Voilà qui ira mieux à mes dents que du pain de quinze jours, fit-elle en souriant.

Après avoir mangé un peu et bu la moitié de son vin, la vieille se tourna vers Félix, qui s'était assis près d'elle.

— Garçon, lui dit-elle, on assure que tu
es un bon ouvrier, et le premier de la meu-
nerie à vingt lieues à la ronde. Je me demande pourquoi, quand tu as un moulin à
toi, tu t'échines à travailler pour les autres.
C'est pas que je trouve mal que tu fasses
gagner de l'argent à ceux d'ici : ce sont de
bonnes gens, pas fiers; mais, garçon, cha-
cun pour soi, pas vrai? Pendant que tout
marche ici comme sur des roulettes, à Ravaine les braves femmes, qui aiment la
belle farine qui donne du bon pain, se plai-
gnent, crient contre le meunier, et le papa
Vernet n'est pas content.

Pendant qu'ici le moulin, dès les trois
heures du matin jusqu'au soir, jabotte continuellement son tic-tac, à Ravaine il ne
chante plus Quand il y a trop d'eau dans
l'écluse, on la laisse s'en aller. Pourquoi?
parce qu'on ne sait qu'en faire. D'ailleurs,
on la voit passer comme des fils d'argent
par toutes les fissures du bâtard. Quand j'ai
vu ça, moi, un soir que j'entrais à Ravaine, il m'a semblé que c'était ton moulin
qui pleurait.

Pourquoi le moulin d'ici est-il bruyant,
et celui de là-bas silencieux? Parce qu'ici
il y a un garçon qui travaille et qui sait son

métier, tandis que là-bas il y a un fainéant qui est un âne.

Ami Félix, écoute la vieille sorcière; elle ne parle jamais pour ne rien dire, et son intention, souvent, est d'en faire comprendre bien davantage. Il est temps que tu retournes chez ton père.

En écoutant la vieille femme, Félix avait plusieurs fois hoché la tête; puis il était devenu rêveur, et en se rappelant les jours heureux de son enfance, Étiennette et sa sœur, la pauvre idiote, ses yeux s'étaient remplis de larmes.

— Vous avez peut-être raison, la mère, dit-il; je verrai, je réfléchirai; la nuit porte conseil, comme on dit.

— Félix, le père Vernet a été bien dur pour toi, je le sais; mais il ne faut pas trop l'en punir. Il pleurera de joie en te revoyant. N'est-ce pas comme ça qu'un père demande pardon à son enfant? Et puis, il y a ta mère, pas méchante du tout, celle-là, et Anna; on ne l'aime pas à la ferme, et depuis que tu es parti elle n'a plus d'ami et ne sait plus qui aimer.

Félix releva vivement la tête.

— C'est bien, dit-il, je resterai encore un mois ici et je retournerai à Ravaine.

Les yeux de la mendiante pétillèrent de joie; mais elle n'était pas encore satisfaite de ce qu'elle avait obtenu du jeune homme. Elle voulait davantage.

— A propos, fit-elle, tu ne me demandes pas des nouvelles de la Tiennette?

Félix fit un soubresaut et devint très-pâle.

XI.

La vieille souriait, n'ayant l'air de rien voir.

— Garçon, reprit-elle, l'aurais-tu oubliée, la belle fille au père Labranche?

— Non, je ne l'ai pas oubliée, dit-il.

— Peut-être bien que tu lui en veux, à cette pauvrette, à cause de son bonhomme de père qui a volé le tien?

— Oh! ne dites pas ça!...

— N'est-ce pas su et connu de tout le monde? La preuve, c'est qu'il est à Clairvaux, à la maison centrale.

— Jamais je ne croirai que le chanvrier est un voleur!

— Les juges des assises ne sont pas si difficiles, garçon; ils ont cru ça tout de suite, eux,

— Oh! fit-il tristement, jamais Etiennette ne me pardonnera la condamnation de son père.

— Qui sait ? D'abord, garçon, tu n'y es pour rien de rien.

— Mais c'est mon père qui a dénoncé le chanvrier.

— Il l'avait volé.

— N'étant pas sûr, il devait se taire.

— Possible. Mais, rassure-toi, Félix, la Tiennette est une bonne fille et pas bête du tout, elle sait bien que tu es innocent de tout ça, comme un agneau qui tette encore, et la brave enfant te tendrait la main ni plus ni moins que si elle voyait en même temps le père Vernet et le père Labranche assis l'un devant l'autre, comme nous en ce moment, trinquer ensemble.

— Elle a quitté Lilliers, où est-elle allée? Tous ceux qui sont passés par ici n'ont pu me dire ce qu'elle était devenue.

— C'est peut-être pour ça que tu ne retournes pas à Ravaine ?

— Eh bien ! oui, c'est pour ça.

— En ce cas, écoute-moi. Les gens qui t'ont dit cela ne sont ni de Ravaine, ni de Lilliers, ni de Fergis, autrement ils auraient su que Tiennette était dans ce dernier village, servante chez le vieux Cabrol, le plus avare et le plus faux bonhomme de toute la contrée.

— Etiennette servante! s'écria le jeune homme douloureusement ému.

— Oui, continua la mendiante, servante, fille d'écurie, laveuse de toutes les saletés, gardeuse d'oies, esclave de la Cabrol, martyre de son mari et souffre-douleur de tout le monde.

Le jeune homme se leva et tendit ses poings fermés dans la direction de Ravaine.

La vieille le tira par sa longue blouse blanche et le fit retomber sur son siége.

— Ami Félix, reprit-elle, à qui en as-tu donc? Oh! il ne faut pas te tourmenter, quand ces choses-là arrivent, c'est qu'il y a des raisons. Le bon Dieu, — y crois-tu au bon Dieu, toi?

— Oh! oui, répondit le jeune homme d'un ton qui révélait un monde de pensées.

— Moi aussi, poursuivit la mendiante; le bon Dieu, vois-tu, garçon, ne fait pas de ces choses-là par mauvaise intention. La Tiennette, son père en prison, s'est trouvée bien seulette. Elle n'avait pas d'argent, elle n'eut plus de pain. « Je sais coudre, donnez-moi du travail » qu'elle dit aux gens de Lilliers. Ils lui tournèrent le dos. Ah ! ils furent pour elle méchants comme l'ogre du *Petit Poucet*. A Ravaine, on doit de l'argent à son père ; elle alla le réclamer, c'était son droit ; on la mit à la porte. Il y eut le fils du notaire de Lilliers — tu le connais, ce vilain rousseau — qui vint lui offrir de l'or pour... tu comprends ce que je veux te dire. C'était un soir, j'étais à Lilliers, j'entendis la conversation, l'oreille collée contre la porte... Ah ! Félix, quelle brave et honnête fille !

Elle n'avait plus de quoi manger ; elle avait vendu sa croix, sa chaîne et ses boucles d'oreilles ; il ne lui restait rien. Quoi faire ? S'en aller de Lilliers, où tout le monde la repoussait, pas vrai ?

Un matin, elle ferma sa porte et partit, un paquet de hardes sous son bras. Elle tomba chez les Cabrol. Dieu avait dit qu'elle devait souffrir encore.

— Oh ! ma pauvre Etiennette ! murmura Félix.

Il pleurait.

— Là, chez ces vilaines gens, continua la mendiante, le malheur ne pouvait pas la quitter. Il devint plus affreux encore. On a beau être courageux et pas fier, quand on n'est pas né pour ça, on en souffre.

Elle fait encore aujourd'hui ce que je t'ai dit, garçon. Et sais-tu ce qu'on la paye pour ce gros ouvrage? Rien. Je me trompe, on l'accable d'outrages; on la bat, peut-être. Félix, c'est possible!

Pas un sou pour rien s'acheter, la pauvre Etiennette a usé les frusques qui lui restaient et n'a pu les remplacer. Elle ne s'habille plus, elle s'affuble de guenilles que moi, la vieille mendiante, je n'oserais pas porter. Elle a les mains noires, la taille déformée, de durs sabots aux pieds.

Voilà, garçon, tout ce que je peux te dire de Tiennette, la fille du chanvrier.

Le jeune homme était livide. Sur ses dents serrées, la vieille voyait trembler ses lèvres.

— La mère, dit-il d'une voix sourde, je vous remercie de tout ce que vous m'avez appris; c'était sans doute pour me faire plaisir?

— C'était pour te réveiller, garçon.

— Est-ce que vous avez vu Etiennette dans l'état que vous dites?

— Non, répondit-elle en jetant dans la direction de Fergis un regard farouche, non, je n'ai pas voulu la voir. Je me connais, j'ai du vieux sang de bohémiens dans les veines, j'aurais tué l'un ou l'autre des Cabroll

Félix se leva :

— Ce n'est pas dans un mois que je partirai, dit-il.

— Quand donc partiras-tu ?

Il ôta sa blouse blanche et répondit :

— Tout de suite.

La mendiante lui prit la main.

— Bien, garçon, dit-elle; c'est pour ça que je suis venue.

C'était le jour même du retour du jeune homme à Ravaine, que l'idiote alla dire à Etiennette :

— Félix est revenu au moulin.

Dès le lendemain de son arrivée, et avant même de reprendre possession de son moulin, le meunier voulut savoir si ses anciens clients se souvenaient encore de lui. Il partit, le matin, avec deux voitures à quatre roues et deux garçons.

— Une seule te suffira, lui dit son père.

A cela il répondit seulement :

— Il faut voir.

Il ne fit pas un long trajet. Au deuxième village qu'il visita, il fut obligé de refuser des sacs, parce qu'il n'avait plus de place sur ses voitures.

Presque partout on lui disait :

— Nous avons encore de la farine; mais cela ne va pas nous empêcher de vous donner un ou deux sacs de blé. Maintenant que vous êtes de retour, monsieur Félix, nous sommes bien sûrs de manger du bon pain.

Le meunier n'avait eu qu'à reparaître pour ramener à lui toute sa clientèle.

En voyant entrer au moulin les deux voitures qui criaient sous leur charge, le père Vernet ouvrit des yeux émerveillés. Alors, il comprit mieux encore ce que valait son fils.

— Décidément, pensa-t-il, il paraît que c'est quelque chose qu'une bonne réputation.

Mais ce n'était pas tout. Félix fit fermer les écluses et donna l'ordre d'enlever toutes les meules. Alors il examina le moulin dans tous ses détails, et les machines pièce par pièce, avec la sûreté de coup d'œil et le savoir d'un constructeur-mécanicien.

Il ne voulait pas qu'une seule poignée de blé fut mise dans les trémies avant d'être

7

certain que les machines étaient en état de
la recevoir.

Sous ses yeux il fit battre les meules,
expliquant à ses garçons pourquoi la meule
gérante se piquait d'une autre façon que la
meule courante, celle-ci devant être toujours plus ardente que l'autre. Et pour
qu'ils le comprissent bien, lui-même il prit
un marteau et piqua les meules avec eux.

Quand il examina les blutoirs, il fit la gri-
mace. Il changea tous les cribles et mit au
rebut la plupart des toiles.

— Elles sont bonnes à peine pour la mou-
ture d'avoine, dit-il.

Il retoucha les manivelles et fit plusieurs
réparations indispensables. Enfin, il fixa
lui-même les bluteaux, en leur donnant
l'inclinaison voulue.

Cet important travail l'occupa le reste de
la journée et une partie de la nuit. Mais, le
matin, à six heures, l'eau des deux écluses
faisait tourner les deux roues hydrauli-
ques, et le moulin commença son joyeux
caquetage.

— On voit bien que Félix est revenu,
disaient les gens de Ravaine; entendez-
vous comme le moulin chante? Mes amis,
quel tapage; on en est tout réjoui.

La première fois que le jeune homme monta la côte pour aller se promener du côté de Fergis, il était fort troublé. Il avait les jambes faibles, comme quand on a la fièvre, et il lui semblait que son cœur ne battait plus.

Sa sœur lui avait dit la veille :

— J'ai vu Tiennette, la belle fille de Lilliers; elle sait que tu es revenu. Elle pleure toujours, Tiennette, pourquoi donc? Moi, je ne sais pas la consoler.

Quand, au milieu des champs, Félix aperçut la jeune fille, ses jambes faiblirent encore, mais son cœur se mit à sauter dans sa poitrine.

Etiennette le vit venir et le reconnut. Mais au lieu de l'attendre, elle se sauva et alla se cacher derrière une haie.

— Elle ne veut pas me voir, pensa Félix, elle ne m'aime plus!

Et il revint sur ses pas, tristement, et la tête baissée.

Il n'avait pas compris que la jeune fille le fuyait par honte d'elle-même et qu'elle s'était cachée pour qu'il ne la vît point dans son piteux état.

Cependant, Félix avait juré que, quoi

qu'il arrivât, il verrait Etiennette et lui parlerait.

Il pouvait aller à Fergis ; il connaissait les Cabrol, mais il lui répugnait de se mettre en relations avec ces affreuses gens, qui faisaient souffrir ainsi Etiennette.

Et puis, il craignait aussi de la compromettre. N'était-elle pas assez malheureuse déjà pour qu'il vînt, par une démarche imprudente, la livrer aux propos méchants d'une foule grossière, qui trouve du bonheur à traîner dans la boue la réputation d'autrui?

XII.

Chaque fois que le moulin lui laissait une heure de liberté, il grimpait le coteau et s'en allait, le nez au vent, comme un chasseur de corneilles.

Il apercevait souvent Etiennette, mais toujours elle s'éloignait rapidement, et malgré le désir qu'il en eût, il n'osait pas la poursuivre.

M. Vernet avait de bons yeux, il voyait bien que son fils se promenait souvent du côté du bois de Fergis ou parmi les roches Evidemment, ce n'était pas le terrier d'un renard qu'il cherchait.

Il était trop malin pour ne pas savoir que la gardeuse d'oies faisait ainsi courir Félix. Toutefois, il se garda bien de le dire tout haut. Il savait que son fils avait la tête chaude, et il ne tenait nullement à le voir partir une seconde fois.

Ce que remarquait le père, la sœur le remarquait aussi. Et quand elle voyait Félix triste, ne parlant à personne, pas même à elle, la pauvre idiote se creusait vainement la tête pour chercher à le distraire.

Elle lui disait :

— As-tu vu Etiennette ? Moi, je la rencontre ; elle pleure toujours.

Un jour, Félix lui dit :

— Je veux parler à Etiennette ; si tu trouves le moyen de me mener près d'elle, je t'embrasserai dix fois.

Elle frappa joyeusement ses mains l'une contre l'autre et se mit à sauter en riant aux éclats.

Le lendemain était un dimanche. A l'heure des vêpres, Anna prit la main de son frère et le tira à elle en lui disant :

— Viens.

— Où allons-nous ? demanda-t-il.

— Viens, répondit-elle encore.

Ils prirent la grande route qui suit le bord de la Presle, puis après, un chemin creux traçant sur le coteau une ligne diagonale.

Ils arrivèrent au bois de Fergis par un grand détour. Seulement, comme on ne les avait vus ni sur le plateau, ni dans le chemin qui descend sur Fergis, il était possible que, ne se doutant de rien, Etiennette se laissât surprendre à l'improviste.

Anna, en effet, comptait sur une surprise, il ne lui avait pas fallu moins que la promesse de dix baisers de son frère pour l'aider à combiner, pendant toute la nuit, ce petit plan stratégique.

Elle entra résolûment dans le bois; son frère la suivit. Il avait tout de suite compris l'idée d'Anna, mais il voulut lui laisser tout entier le soin de l'exécution.

Ils traversèrent le bois rapidement. Anna marchait en avant de son frère. Quand, par une éclaircie, elle découvrit le clocher de Fergis, elle fit signe à Félix de s'arrêter et elle s'avança seule jusqu'à la lisière du bois.

Elle se coucha derrière un buisson de clématites, écarta les longues tiges qui gênaient sa vue et regarda. Alors, avec sa main elle annonça à son frère qu'il pouvait venir près d'elle. Le jeune homme accourut sous le bouquet de clématites, qui formait une espèce de berceau.

A vingt pas d'eux, il y avait un ruisseau, facile à franchir, qu'alimentait une source du coteau. L'eau claire et limpide coulait doucement sur un lit de sable fin.

Etiennette, se croyant seule, y baignait ses pieds. De nombreuses rayures d'un rouge sanglant se croisaient en tous sens sur ses jambes délicates.

Félix n'eut pas de peine à reconnaître des égratignures de ronces.

Dans le pâtis voisin, les oies avalaient goulûment les petits limaçons gris qu'elles rencontraient et les dernières pointes vertes de l'herbe.

— Viens près d'elle, dit tout bas Anna à son frère.

— Pas encore, répondit le jeune homme en lui saisissant le bras.

Etiennette sortit de l'eau.

— Va, dit Félix à sa sœur, et... silence.

Anna s'élança hors du bois et, en trois bonds, se trouva près d'Etiennette.

Celle-ci jeta autour d'elle un regard effaré; mais ne voyant personne, elle se rassura.

— Ce soir, Félix m'embrassera dix fois, lui dit l'idiote.

— Il t'aime bien, ton frère ?

— Oui. Il t'aime aussi, toi.

— Je ne veux pas que tu me dises cela, Anna.

— Ça te fait pleurer ?

— D'où viens-tu donc ?

— Du bois.

— Toute seule ?

— Je n'ai pas peur.

Anna lui passa ses bras autour du cou et la pressa contre elle.

Félix sortait doucement du bois.

— Pourquoi me tiens-tu si fort? dit Etiennette. Que veux-tu?

— T'embrasser.

— Eh bien! embrasse-moi.

— Pour Félix ?

— Non.

Le jeune homme était devant elle.

Elle poussa un cri et voulut fuir; mais l'idiote la retint assise.

— Oh! Anna, dit-elle, c'est bien mal ce que tu fais là.

— Félix m'embrassera dix fois, répliqua l'idiote en riant.

Etiennette baissait la tête, immobile de saisissement et d'émotion.

Félix se mit à genoux devant elle et lui prit la main.

Elle n'eut ni la force, ni le courage de la

retirer. Il sentit cette petite main froide,
presque glacée, trembler dans la sienne.

— Etiennette, lui dit-il, je voulais vous
parler; je vous ai surprise, ce n'est pas un
gros crime, pardonnez-moi.

— Je vous pardonne, Félix, mais pourquoi voulez-vous me parler? Si quelqu'un
de Ravaine vous voyait près de moi, on le
saurait bientôt partout, et que penserait-on
de vous? Je ne songe pas à moi, je ne suis
plus rien. Ma sensibilité s'est émoussée, je
ne sens presque plus les offenses. Vous avez
eu tort de venir ici, Félix; cependant, je
vous remercie, car c'est d'un bon cœur.
Mais ne revenez plus, je vous en prie, pour
vous, pour votre père, pour tout le monde.
C'est bien inutile, d'ailleurs, puisque nous
sommes à jamais séparés.

— Séparés! je ne dis pas cela, moi! s'é-
cria Félix.

Elle secoua tristement la tête.

— Autrefois, reprit-elle, je n'étais pas
pauvre, j'avais pour richesse l'honnêteté de
mon père; aujourd'hui, je suis misérable,
et mon père est en prison.

L'idiote jouait plus loin sur le talus formé
par le fossé du bois.

— Ah! je le sens! s'écria Félix, vous

n'oublierez jamais le mal que mon père a
fait au vôtre et à vous-même.

— Vous vous trompez, Félix, je n'ai aucun ressentiment contre M. Vernet; sans
doute, il nous a bien mal traités, mais il
n'est pas cause si on l'a volé et si mon père
a été condamné.

— Condamné par un jugement inique.

La jeune fille le regarda avec surprise.

— Est-ce que vous croyez que le père
Labranche est innocent? lui demanda-t-
elle.

— J'en suis sûr, Etiennette.

— Oh! merci, Félix!

Elle poussa un profond soupir et essuya
ses yeux pleins de larmes.

— Malheureusement, reprit-elle, les ap-
parences étaient contre lui.

— Est-ce que le cri de l'innocence, quand
il a parlé, ne devait pas ouvrir les yeux des
jurés?

— Je ne sais pas, Félix; mais il a été condamné, et maintenant, et plus tard, et toujours je serai la fille d'un voleur!

— Oh! Etiennette!...

— Vous voyez bien, Félix, que je ne suis
plus rien... que je suis perdue!

— Etiennette, voulez-vous répondre

franchement à une question que je vais vous faire.

— Je n'ai pas encore appris à mentir.

— Etiennette, m'aimez-vous toujours?

Il la vit pâlir. Elle retira sa main qu'il tenait et la porta vivement à son cœur.

— Félix! s'écria-t-elle, ne revenez plus et oubliez-moi!

— T'oublier, quand je t'adore et que tu m'aimes! exclama-t-il. Je préférerais me noyer dans la Presle, ou me faire broyer sous les roues de mon moulin! Qu'est-ce que ça me fait à moi, que le monde dise que tu es la fille d'un voleur! Je sais, et cela me suffit, que ton père, aujourd'hui en prison, est aussi honnête que s'il n'avait pas quitté sa petite maison blanche de Lilliers.

Elle se leva.

— Mais vous ne me voyez donc pas, Félix? dit-elle. Regardez-moi. Est-ce que je ne suis pas repoussante? C'est du dégoût que je devrais vous inspirer! Est-ce que la plus misérable des mendiantes a jamais porté de pareilles guenilles?

— Ce n'est pas ton vêtement que je vois, ce que je regarde, c'est toi, c'est ton cœur et ton âme! Tes guenilles, comme tu dis,

je les trouve belles, moi. Tiens, je les embrasse !...

— Félix ! Mon Dieu, je me sens mourir !

Il la prit dans ses bras et la pressa contre
son cœur.

Anna revenait près d'eux.

Etiennette s'échappa des bras du jeune
homme, se jeta au cou de l'idiote, et l'embrassa en pleurant à plusieurs reprises.

Anna était contente et elle riait de tout
son cœur.

— Dix fois Tiennette et dix Félix, cela
fait.... beaucoup de fois, disait-elle.

Ses yeux pétillaient de joie.

— Etiennette, reprit Félix, je ne vous
laisserai certainement pas dans la triste po-
sition où vous êtes. Je suis votre ami, vous
accepterez bien de moi un peu d'argent. Il
faut retourner chez vous, à Lilliers.

La jeune fille frissonna.

— Je ne retournerai jamais à Lilliers,
dit-elle.

— Mais vous ne pouvez pas rester plus
longtemps chez les Cabrol.

— Ils ne me laisseront pas partir; j'ai
signé un engagement jusqu'à la Chandeleur.

— Encore trois mois, murmura Félix, les
plus mauvais de l'année.

Il y a pourtant quelque chose à faire,
reprit-il. Vous avez besoin de vêtements
chauds pour la saison. Tenez, vous grelot-
tez, vos chères petites mains bleuissent
sous le froid.

XIII,

En effet, elle tremblait. L'air venait de la saisir.

L'idiote, pour s'occuper à quelque chose, fourrait ses mains dans les poches d'Etiennette. Elle y trouva un papier qu'elle glissa dans son corsage.

— Félix, répondit Etiennette, je sais bien que je manque de tout ; en m'offrant ainsi vos services, vous ne savez pas le plaisir que vous me faites ; mais je ne puis, je ne veux pas les accepter. On le trouverait mal , croyez-le. Non, je ne veux pas qu'il vous arrive un désagrément à cause de moi.

Voyez le beau ciel bleu, continua-t-elle avec un sourire navrant. Qui sait? l'hiver ne sera peut-être pas trop rigoureux.

Il avait la main dans sa poche; il tenait une poignée d'argent; il n'osa pas le donner à Etiennette.

Ils se séparèrent tristement.

— Adieu! lui dit Etiennette.

— Non, répondit-il, à bientôt.

Il reprit avec sa sœur le chemin du bois.

Etiennette poussa les oies pour rentrer à Fergis.

Avant d'arriver à la ferme, Anna dit à son frère, en lui donnant un papier plié en quatre :

— J'ai pris ça à Tiennette.

Félix s'empara du papier et l'examina.

C'était la note des créances du chanvrier, écrite de sa propre main.

Le jeune homme la serra précieusement dans son portefeuille.

Le soir, après le souper, M. Vernet étant allé faire sa partie de cartes à Ravaine, Félix dit à la fermière :

— Mère, je voudrais causer avec toi.

Mᵐᵉ Vernet, heureuse de cette proposition, l'accepta avec empressement. On lui aurait annoncé en ce moment que le feu prenait dans une des granges, que peut-être elle ne se serait pas dérangée.

— Mère, reprit Félix, j'ai vu aujourd'hui

la fille du chanvrier. Inutile de te dire dans quel état elle est, tu ne dois pas l'ignorer. Comment se fait-il que les gens de Ravaine, chez qui son père a si longtemps travaillé, ne lui soient pas venus en aide ?

— Tu connais le monde, Félix ; il tourne le dos au malheur.

— Et toi, mère, pourquoi as-tu fait comme tout le monde ?

Mme Vernet, qui était réellement une bonne femme, devint très-rouge.

— Je n'ai pas osé, répondit-elle. Tu sais ce qui s'est passé. Je me suis dit : Etiennette est fière ; elle ne voudra rien recevoir de moi.

— C'est bien, je ne te reprocherai rien. Mais, maintenant, mère, il faut que le mal soit réparé.

— Dis ce que tu veux, Félix.

— Merci, ma mère ; je savais bien que je trouverais en toi une protectrice pour la pauvre Etiennette ! Ecoute : de moi elle a refusé et repoussera toujours toute espèce de services. J'ai compris cela. Et bien qu'elle dise ne plus être sensible à rien, elle a une délicatesse de sensitive ; mais elle acceptera de la mère ce qu'elle refuserait du fils. D'ailleurs, tu pourras lui faire tout le bien nécessaire sans même qu'elle sache qui s'intéresse à elle. Tu connais Mme Cabrol?

— Autrefois nous étions amies. Cabrol, qui achète toujours de la terre pour grossir sa ferme, emprunte quand il n'a pas assez pour payer au terme; il doit bien deux mille francs à ton père.

— C'est très-bon à savoir, dit Félix. Eh bien! mère, tu te serviras de Mme Cabrol pour faire du bien à Etiennette.

— J'ai compris, Félix.

— Demain tu iras à Fergis?

— Oui.

— Tu donneras d'abord cent francs. Il faut que pendant tout le temps qu'Etiennette restera chez les Chabrol, elle soit traitée comme leur propre fille. Je compte absolument sur toi; car si, moi, je m'occupais de quelque chose, je te le dis, ma mère, il y aurait du vacarme dans le pays.

— Félix, je te promets que tu seras content.

— Plus tard, reprit-il, quand le père Labranche sera revenu de prison, je vous ferai connaître, au père et à toi, quelles sont mes intentions à l'égard d'Etiennette.

— Félix, que veux-tu dire?

— Oh! à toi, je peux ne rien cacher. Eh

bien, ma mère, j'aime toujours Etiennette, et si un jour je me marie, c'est la fille du chanvrier qui sera ma femme.

— Félix tu ne ferais pas cela ! s'écria Mᵐᵉ Vernet épouvantée.

— C'est là, dit le jeune homme en montrant la place de son cœur.

— Mais, malheureux, tu ne penses donc plus à ton père ?...

— Un jour, reprit gravement Félix, j'ai quitté la maison parce que mon père, en me parlant, avait excédé les droits que son titre lui donne sur moi. Certes, je ne dédaigne pas ses conseils et je m'inclinerai toujours devant sa volonté lorsqu'elle sera juste. Mais jamais je ne permettrai qu'on violente un seul de mes sentiments quand je l'aurai reconnu bon.

— Félix, tu n'obtiendras jamais le consentement de ton père !

— Alors, ma mère, je m'en irai pour toujours. Je lui laisserai le droit de disposer de sa fortune, dont il est si orgueilleux, comme il l'entendra. Ma pauvre sœur est là pour la recueillir. Je ne suis pas connu seulement sur les rives de la Presle; j'irai louer un moulin quelque part. En travaillant on vit,

at quelquefois, avec de la chance, on fait
fortune.

— Félix, mon enfant, je t'en prie, ne parlons plus de ces choses-là.

— Tu as raison, mère, ne nous occu-
pons, pour le moment, que d'Etiennette.
Donc, demain tu iras à Fergis, et, à ton
retour, tu me diras ce que tu auras fait.

— C'est convenu.

Le jeune homme embrassa sa mère et se
retira dans sa chambre. Sa sœur l'y suivit
toute souriante.

— Comment, tu n'es pas encore couchée?
lui dit-il.

— Non, fit-elle.

— Qu'est-ce que tu me veux?

Elle ne répondit pas, mais elle se mit à
rire.

— Ah! s'écria-t-il, en se souvenant tout à
coup, tu viens me réclamer ma dette !

Il la prit dans ses bras, la serra contre lui
et couvrit ses joues de baisers.

Elle ne riait plus, la pauvre idiote ; elle
pleurait de bonheur. Et elle s'en alla en ré-
pétant :

— Dix Tiennette, dix Félix... beaucoup
de fois.

Le lendemain, après qu'elle eut servi le

deuxième repas aux garçons et ouvriers de la ferme, Mᵐᵉ Vernet partit pour Fergis.

Félix, à une fenêtre du moulin, la suivit longtemps des yeux.

— Je connais ma mère, se disait-il, maintenant Etiennette ne manquera plus de rien.

Mᵐᵉ Vernet arriva chez Cabrol, où elle fut reçue avec tous les égards que l'on doit à son créancier, d'abord, et aussi à l'importance de la fortune.

L'honnête Cabrol se serait mis volontiers à plat ventre aux pieds de Mᵐᵉ Vernet.

— Vous avez toujours chez vous la fille du chanvrier de Lilliers? dit-elle. En êtes-vous contents?

— Ce n'est pas une méchante fille, répondit la Cabrol; mais c'est gauche, pas forte du tout, et ça ne sait rien faire.

Mᵐᵉ Vernet répliqua :

— Il y a dans une ferme mille travaux à l'aiguille qu'on peut confier à une jeune fille intelligente et adroite comme Etiennette.

— Elle n'a jamais demandé une aiguille, répondit la Cabrol avec embarras.

— Il fallait la lui donner, dit Mᵐᵉ Ver-

net un peu sèchement. Puisqu'elle ne vous
rend pas de services, continua-t-elle, vous
devriez ne pas la garder.

— Je la vois venir, dit Cabrol; elle est
ici pour nous enlever la petite.

Et il fit un signe à sa femme, qui avait la
même idée que lui.

— Madame Vernet, répondit-il d'un ton
bonhomme en dodelinant sa tête, la Tiennette est engagée chez nous jusqu'à la Chandeleur. C'est pas que nous y tenions; mais,
en ce moment, les filles à louer sont rares,
et bien qu'elle ne fasse pas notre affaire, on
y met du sien, on patiente et on ira jusqu'au bout. Vous lui avez peut-être trouvé
une condition, madame Vernet?

— Oui, assez bonne. Quatre cents francs
par an et la table des maîtres.

— C'est gentil tout de même, dit la
Cabrol.

— Combien gagne-t-elle chez vous? demanda Mme Vernet.

— Oh! beaucoup moins que ça, répondit
la Cabrol visiblement troublée.

— Oui, moins que ça, répéta Cabrol.

— Et puis, reprit Mme Vernet, elle ne
voudrait pas vous quitter, car elle doit être
bien chez vous?

— Ma foi, le mieux qu'on peut, fit le

vieil hypocrite; mais moins bien qu'elle serait dans la belle maison de M. Vernet, ajouta-t-il d'un air finaud.

— Ce n'est pas pour moi que je voulais Etiennette, dit Mme Vernet; mais puisque vous la gardez, n'en parlons plus.

— Mon homme et moi nous aurions été contents de vous faire plaisir, madame Vernet, répliqua la Cabrol; mais nous sommes à la veille de l'hiver et...

— Je devais un peu d'argent à son père, reprit Mme Vernet; deux femmes de Ravaine, sachant que je m'intéressais à elle, m'ont aussi donné leur dû. Cela a fait cent francs. Etiennette doit avoir besoin de plusieurs choses pour l'hiver; j'ai pensé à lui apporter cette somme; elle pourra ainsi économiser ses gages.

Mme Vernet tira de sa poche un rouleau de pièces de cinq francs et le remit à la fermière.

— Vous lui achèterez, continua-t-elle, une bonne robe de laine, un jupon de molleton, enfin ce qui lui sera le plus nécessaire. Il est encore dû pas mal d'argent à son père; dès qu'on me remettra quelque chose je vous l'apporterai. Je viendrai vous demander dans huit jours comment vous

l'aurez habillée. Vous ferez bien, je crois,
de ne pas lui dire d'où vient l'argent.

— Oui, car elle serait capable de pré-
férer dépenser le sien, dit Cabrol avec un
aplomb admirable.

XIV.

Mᵐᵉ Cabrol, ayant compté la somme, posa la pile sur la table.

Mᵐᵉ Vernet se leva.

— Avant que je m'en aille, dit-elle à la Cabrol, montrez-moi donc vos chambres.

— Ce n'est pas beau comme chez vous, fit humblement la fermière.

— Très-propre et parfaitement rangé, dit Mᵐᵉ Vernet en entrant dans la deuxième pièce.

— C'est la Tiennette qui fait le ménage.

— Elle est propre, elle doit être habile; elle a du goût et de l'ordre, pensait Mᵐᵉ Vernet.

On passa dans la quatrième et dernière chambre.

— Où donc est le lit d'Etiennette? demanda-t-elle tout à coup.

La Cabrol rougit jusqu'aux oreilles. Elle cherchait une réponse qu'elle ne trouvait pas. L'homme vint à son secours.

— Elle couche à côté, dans la chambre que vous venez de voir, madame Vernet, répondit-il.

— Mais il n'y a qu'un lit, celui de votre petite fille, m'avez-vous dit.

— Voilà, la Tiennette couche avec l'enfant.

Mme Vernet savait à quoi s'en tenir; mais elle jugea qu'elle était allée assez loin pour une première visite. Elle se réservait, d'ailleurs, si on continuait de faire coucher la jeune fille dans le grenier, de parler haut et ferme, et d'apprendre aux Cabrol tout ce qu'elle pensait d'eux.

— Eh bien! demanda le fermier à sa femme quand Mme Vernet fut partie, qu'est-ce que tu dis de ça?

— Je dis qu'on cherche à nous enlever la Tiennette; mais, laisse-moi faire, avant deux mois, elle aura signé un nouvel engagement d'un an.

— Au même prix?

— Et ça? répliqua-t-elle en prenant la pile de pièces de cent sous; puisqu'il est convenu de ne pas lui dire d'où vient cet argent!

Cabrol se mit à rire.

— Toi, dit-il, tu n'es pas encore si bête!

Du moment qu'Etiennette n'était plus seule au monde et qu'une femme riche, du mérite de Mme Vernet, s'occupait d'elle, les Cabrol sentirent qu'ils devaient, dans leur propre intérêt, être plus humains à l'égard de la jeune fille.

Dans la soirée, la Cabrol fit placer dans la chambre de sa fille un deuxième lit pour Etiennette.

Pendant que sa mère était à Fergis, Félix vit passer M. Lannet, l'huissier de la justice de paix. Il l'appela.

M. Lannet est un homme de cinquante ans, petit, trapu, à la figure ronde et joufflue. Il a les cheveux blancs, le regard vif, le sourire bienveillant et il est meilleur que ne le sont généralement les agents ministériels, ses confrères.

— M. Lannet, lui dit Félix, il est dû à Ravaine, au père Labranche, une somme d'argent assez importante dont voici la note. Je voudrais vous charger des recouvrements.

— Tout ce qui vous plaira, M. Félix.

— Je n'ai pas besoin de vous dire que mon nom ne doit pas être prononcé.

— Vous me connaissez depuis quinze ans.

— Oui, et c'est parce que vous méritez toute ma confiance que je m'adresse à vous.

— En tout et pour tout, monsieur Félix, je serai heureux de vous servir.

— Vous toucherez donc toutes ces petites sommes et vous en donnerez des reçus. Quand le recouvrement sera terminé...

— C'est l'affaire de huit jours. Tout ce monde là a l'argent dans l'armoire.

— Vous remettrez son produit à ma mère, qui vous donnera une quittance du tout, vos honoraires à part, bien entendu.

— Seulement, je ne prendrai rien. Je ne suis pas riche, monsieur Félix, et j'ai de la famille; mais grâce à Dieu, je puis encore me joindre à vous pour faire une bonne action. C'est bien, je vous ai compris : vous voulez secourir Mlle Etiennette.

Félix lui tendit la main en souriant.

— Si on vous questionne, reprit-il, vous répondrez hardiment que mon père vous a chargé de ces recouvrements.

— Et si M. Vernet dit le contraire?

— Soyez sans crainte, je prends tout sur moi.

Le lendemain et les jours suivants, l'huissier parcourut Ravaine. En cinq jours il toucha les quatre cent cinquante francs dus au chanvrier.

Quand on eut dit à M. Vernet : « Vous faites donc rentrer les créances du père Labranche ? » il fut bien étonné ; mais il devina le conte imaginé par son fils, d'accord avec l'huissier. Il ne fallait pas être sorcier non plus pour savoir l'emploi qu'on voulait faire de l'argent. Quant au moyen qui serait employé pour le remettre à Etiennette, il s'en souciait fort peu.

Bien qu'il fût mécontent de voir son nom mêlé à cette petite affaire, il répondit affirmativement.

Chaque jour Félix s'attendait à recevoir une algarade.

Mais, contre son attente, M. Vernet rongea son frein et resta muet.

Depuis sa rencontre avec Félix, Etiennette était, nous ne dirons pas consolée, mais plus doucement résignée. Quelque chose de bienfaisant pénétrait en elle et lui faisait voir la vie sous des aspects moins sombres. Félix l'aimait encore, il croyait à l'innocence de son père ; c'était beaucoup. Le changement des Cabrol, dans leurs rapports avec elle, contribua aussi à apaiser certaines douleurs de son âme.

Mais huit jours ne s'étaient pas écoulés que son amour pour Félix, qu'elle croyait avoir tué dans son cœur, se réveilla plus ardent et plus violent que jamais.

Etiennette fut épouvantée de trouver son cœur si misérable et si faible. Elle s'adressait des reproches cruels et elle se plaignait de ne pas avoir encore assez souffert. Si le froid, la faim, les privations, la fatigue et toutes les tortures morales endurées l'eussent rendue laide, il lui semblait qu'elle aurait plus facilement pardonné aux Cabrol leur conduite envers elle. Laide, Félix ne l'aimerait plus, elle ne l'aurait pas revu et son cœur serait resté fermé à tout espoir.

Au lieu de cela, Félix toujours bon, aimant et généreux, vint avec une parole et un sourire, lui rouvrir un avenir de bonheur.

Hélas! elle ne pouvait, elle ne voulait plus y croire.

— Moi, la femme de Félix Vernet! se disait-elle, la fille d'un homme condamné comme voleur! Jamais! Jamais! c'est impossible!

Elle se sentait frissonner jusque dans la racine des cheveux.

Alors, si les souffrances de l'âme étaient moins vives, celles du cœur revenaient plus nombreuses et plus aiguës.

Dans ces moments de douloureuse désespérance, elle désirait mourir. Un abîme se serait ouvert sous ses pieds sans qu'elle fît un seul mouvement pour lui échapper.

La première fois qu'elle mit sa robe neuve avec son bonnet bien simple, à rubans bleus, c'était un dimanche. Elle alla à la messe et pria avec ferveur pour son malheureux père et tous ceux qu'elle aimait.

Après le repas de midi, Mme Cabrol, de son air le moins disgracieux, lui dit :

— Tiennette, tu es libre d'aller te promener jusqu'au soir.

Cette étonnante faveur d'un congé ne lui avait pas encore été accordée.

Elle sortit de Fergis et s'achemina, pensant à Félix, jusqu'à l'endroit où ils s'étaient rencontrés au bord du ruisseau. Elle espérait peut-être l'y trouver ; mais Félix avait tracé son plan de conduite et il entrait dans ses combinaisons de ne pas chercher à revoir la jeune fille jusqu'à nouvel ordre. Elle monta la côte et vint s'asseoir sur une des dernières roches qui regardent obliquement Ravaine. Elle resta là plus de deux heures, rêveuse, les yeux fixés sur le toit et les fenêtres du moulin.

— Si ce n'était pas un dimanche, se disait-elle, le vent est à l'ouest, j'entendrais d'ici le tic-tac des machines.

Peu à peu ses idées lugubres lui revenaient et elle se laissait envahir par un sombre découragement.

Il pouvait être trois heures.

Tout à coup, une voix dit à quelques pas d'elle :

— C'est, ma foi, la charmante Etiennette.

Elle fit un sursaut et se retourna vivement.

Le fils du notaire de Lilliers, son fusil sous le bras, la contemplait avec des yeux qui brillaient de convoitise brutale.

Au risque de se briser sur les roches, Etiennette n'hésita pas; elle se dressa sur la pierre qui lui avait servi de siége, et elle prit son élan pour bondir sur les rocs menaçants, dont les échancrures ressemblaient assez à des dents de scie.

Mais Théodore se débarrassa lestement de son fusil, et avant que la jeune fille ait eu le temps de sauter sur la première roche, il se précipita sur elle et l'enleva dans ses bras.

— Au secours! cria-t-elle.

Les roches étaient désertes, personne ne pouvait l'entendre.

— C'est donc ce soir que l'on s'embrasse, lui dit Théodore.

— Laissez-moi! laissez-moi! vous êtes un misérable, un lâche!...

— Et avec cela, encore autre chose, ma belle : un amoureux.

—Mon Dieu, murmura-t-elle, délivrez-moi de cet homme!

— Oh! fit-il en ricanant, je m'en irai tout à l'heure. Voici déjà un premier baiser, c'est un à-compte.

Adossé à une roche, ce qui augmentait sa force et le rendait plus redoutable, il tenait Etiennette embrassée ; ses bras étaient serrés également, et elle ne pouvait que s'agiter, sans possibilité de prendre l'offensive.

— Je cherchais un lièvre par ici, reprit-il, et j'y trouve une colombe. Ma chasse est excellente. Deuxième baiser, deuxième à-compte.

La jeune fille suffoquait de honte et de colère. A chaque instant, elle poussait un

9

cri, auquel le rousseau répondait par un
affreux ricanement.

— Tiens, lui dit-il, parlons raison. Moi,
je m'ennuie à Lilliers, tu ne dois guère t'a-
muser non plus à Fergis; eh bien, embras-
sons-nous ce soir de bon cœur, et, demain
matin, filons vers Paris.

— Avec quelle boue infecte avez-vous
donc été pétri, monsieur, lui répondit-elle,
pour que vous insultiez ainsi une pauvre
fille qui ne vous a jamais fait aucun mal?

— Etiennette, ne serait-ce que pendant
une heure, tu m'aimeras! Troisième baiser,
nouvel à-compte.

XV

Sous ce nouvel outrage, les forces de la
jeune fille se décuplèrent. Profitant du mouvement qu'avait fait son ennemi pour approcher ses lèvres des siennes, elle parvint
à dégager un de ses bras, et, bien qu'il fût à
moitié engourdi, elle le frappa violemment
sur le nez et sur les yeux.

— Oh! tu as beau faire et beau te défendre, hurla-t-il avec rage, j'ai juré que tu
serais à moi, et, de gré ou de force, il faut
que tu m'appartiennes!

Cependant, tout en continuant une résistance désespérée, Etiennette sentait que ses
forces faiblissaient. Déjà, par instants, la
respiration lui manquait.

En se défendant, elle rencontra sous sa
main une épingle à tête noire, qui retenait

sur sa poitrine les pointes du foulard de laine qu'elle portait autour du cou. D'un mouvement rapide elle arracha l'épingle et l'enfonça fortement dans le bras du misérable.

Il poussa un cri de douleur et ses bras se détendirent.

Etiennette se jeta vivement en arrière.

Un coup de vent souleva son foulard et le lança parmi les roches. Elle prit un sentier qui marque la limite des terres labourables, et descendit le coteau de toute la vitesse de ses jambes.

Le rousseau ne voulut pas, cette fois, se tenir pour battu : la colère l'aveuglait; il était comme ivre et pris par le vertige.

Il ramassa son fusil et s'élança à la poursuite de la jeune fille. Ils n'étaient plus qu'à quelques pas de distance lorsqu'elle franchit la première berge de la route.

Sans s'arrêter, elle traversa le chemin, bondit sur l'autre berge et partit comme un trait, droit à la rivière.

Peut-être espérait-elle trouver là un défenseur. Hélas! comme la route, les bords de la Presle étaient déserts.

Le fils du notaire hésita un instant à continuer sa poursuite, ce qui permit à la jeune fille de reprendre un peu d'avance sur lui; mais, de nouveau, il s'élança sur ses pas.

A l'endroit de la Presle où arriva·Etiennette, il y avait beaucoup de petits saules, saules fragiles, osiers jaunes dont les touffes formaient des haies, des buissons et une bordure pittoresque à la rivière.

Elle pensa d'abord à se cacher dans la saussaie; mais les tiges des osiers étaient complétement dépourvues de leur feuillage et elle comprit qu'il la découvrirait trop facilement. Elle se dit qu'il était préférable encore de continuer sa course jusqu'à ce que le fils du notaire ait renoncé à la poursuivre.

Elle s'arrêta pour reprendre haleine; elle haletait, le front baigné de sueur.

De distance en distance, tout au bord de l'eau, on voyait de très-vieux saules, aux troncs énormes, dont la moitié des racines, immergées dans la rivière, traînaient comme des chevelures.

Un de ces vieux arbres, dont le tronc creux s'était fendu d'un côté et écarté dans toute sa longueur, ce qui le faisait assez ressembler à une niche de statue, avait vu, petit à petit, l'action de l'eau ronger la terre à sa base et découvrir successivement toutes ses racines. Ne tenant presque plus au sol, il s'était peu à peu penché du côté de l'eau, et un jour, une forte bourrasque le coucha dans la rivière, sur laquelle il flottait comme un radeau maintenu par ses amarres.

Une de ses branches, la plus longue, flottait sur l'eau.

Un accident lui était arrivé, — au printemps probablement, — une main l'avait saisie, sans doute, et presque détachée de l'arbre ; mais, pendant l'été, elle prit un peu de sève, et lentement, voulant vivre encore, elle s'était faiblement rattachée.

Quand Etiennette, moins essoufflée et prête à recommencer sa course, aperçut le fils du notaire arrivant dans la saussaie, elle vit aussi le vieux saule couché et le contempla comme un libérateur.

Sur la route, dans la direction de Fergis, on entendait une sonnerie de grelots, de ces boules de bronze que les meuniers attachent au collier de leurs chevaux pour annoncer aux paysans qu'ils passent devant leurs maisons.

Le rousseau se précipitait sur Etiennette. D'un regard il avait examiné l'endroit et trouvé le lieu admirablement choisi pour l'exécution de son projet.

Quand il croyait déjà tenir la jeune fille dans ses bras, elle s'élança résolûment sur le tronc du saule.

Théodore s'arrêta au bord de la rivière, il crut, une seconde, que la jeune fille se jetait dans l'eau ; mais en la voyant ramper sur l'arbre, il se mit à rire.

Etiennette alla se placer à la tête du saule, au milieu des petites branches qui lui servirent de points d'appui, et elle couvrit son agresseur d'un regard de défi.

Le fils du notaire jeta sa carnassière et son fusil dans une touffe d'osiers, et se retourna vers la jeune fille en lui disant :

— Ma belle Etiennette, tu es prise !

Elle eut peur, et elle s'aperçut, trop tard, qu'elle n'avait pas choisi le plus sûr moyen de se sauver.

— Misérable ! s'écria-t-elle, si vous mettez seulement le pied sur le tronc de l'arbre, aussi vrai que je suis honnête fille, je me laisse tomber dans la rivière.

— Cela gâterait ta jolie robe et tu ne le feras point, répondit-il en riant toujours.

En ce moment, une tête de jeune fille

étonnée et curieuse se dressa à dix pas, au-
dessus d'un bouquet de vitellina.

Les grelots sonnaient toujours, mais
Etiennette n'entendait rien, et ses yeux ne
quittaient pas le fils du notaire.

Il mit un pied sur le saule, puis l'autre et
souriant méchamment, il marcha vers la
jeune fille.

— Mon père! Félix!... murmura-t-elle.

Quand le rousseau eut presque atteint la
tête du saule, elle poussa un cri perçant,
lâcha les branches qui la soutenaient, éten-
dit les bras et tomba à la renverse dans la
rivière.

L'eau se referma sur elle.

De l'endroit où s'était montrée une tête
de jeune fille, une forme humaine se découvrit, s'élança par bonds précipités, et, à
son tour, sauta sur le tronc du saule.

Le fils du notaire, épouvanté, livide, se
retournait pour regagner la rive. Il se
trouva face à face avec l'idiote.

— Laisse-moi passer! lui dit-il.

Elle partit d'un grand éclat de rire.

Il la frappa pour la repousser.

Alors elle se rua sur lui et l'entoura de
ses bras.

— Oh! la folle! la folle ! dit-il d'une voix étranglée par la peur.

Ils vacillèrent un instant, et ensemble, elle le tenant toujours, ils s'engouffrèrent dans l'abîme.

La Presle, en cet endroit, avait plus de douze pieds de profondeur.

Au moment où Etiennette jetait son cri de suprême adieu à la vie, la voiture du meunier arrivait à la hauteur de la saussaie. Un de ceux qui l'accompagnaient entendit le cri. C'était Félix. A travers les peupliers et les saules, il vit deux bras s'agiter dans l'air, puis la chute d'une femme. Il avait reconnu Etiennette.

De la route il sauta dans le pré, et tout en courant, il se débarrassait d'une partie de ses vêtements, qu'il laissait tomber derrière lui.

Soudain, il entendit le farouche éclat de rire de sa sœur, et il la vit aux prises avec le fils du notaire de Lilliers.

Alors il devina l'horrible scène qui venait d'avoir lieu : Etiennette se noyait pour se soustraire aux tentatives infâmes de ce misérable, qui, une fois déjà, chez elle à Lilliers, l'avait insultée.

Quand il arriva au bord de l'eau, sa sœur reparaissait à la surface.

L'idiote nageait comme un poisson ; elle s'était vivement débarrassée du rousseau et, déjà, elle remontait sur le tronc du saule.

Après le plongeon, Théodore revenait aussi sur l'eau. Malheureusement, il ne savait pas nager et il jetait désespérément ses bras autour de lui, cherchant à saisir quelque chose.

Il s'empara de la baguette flottante, dont nous avons parlé, et parvint à se maintenir la tête hors de l'eau.

Il regarda autour de lui, vit l'idiote accroupie sur le tronc d'arbre et Félix sur la rive.

— Félix ! cria-t-il, à moi, mon ami, au secours !... je me noie, sauvez-moi !...

Félix venait enfin de découvrir, entre deux eaux, le corps d'Etiennette que le courant commençait à entraîner.

— Elle d'abord ! exclama le jeune homme, répondant au fils du notaire, et toi après, s'il en est temps encore !

Et, d'un bond prodigieux, il sauta jusqu'au milieu de la rivière.

En deux brasses il atteignit Etiennette. Il la saisit par le milieu du corps.

Elle ne faisait aucun mouvement. Et Félix se disait :

— Mon Dieu! serais-je arrivé trop tard!

La soutenant d'une main, il nageait de l'autre, se laissant aller doucement à la dérive. Nul mieux que Félix ne connaissait la Presle; c'est pourquoi il permit au courant de le porter jusqu'à une petite baie, où il put facilement prendre pied sur un terrain solide semé de petits cailloux.

Quand l'idiote eut vu son frère aborder dans la baie avec son précieux fardeau, elle poussa un cri de joie et ramena son regard sur le fils du notaire, qui criait continuellement :

— A moi!... Au secours !... Je me noie!...

Il parvenait à se soutenir sur l'eau, grâce à la branche qui l'empêchait de couler à fond. Il avait essayé de s'en servir pour atteindre le saule. Dans ce cas il était sauvé. Mais au premier mouvement qu'il fit, il entendit un craquement plein de menaces, et il s'aperçut que la branche déjà cassée à sa naissance venait de se disjoindre une seconde fois. Une folle terreur s'empara de lui. Il voulut, pourtant, renouveler encore

sa tentative. Mais la branche, son seul espoir, se détachait lentement du tronc.
Alors, il n'osa plus faire un mouvement,
pas même regarder derrière lui pour voir
ce qu'était devenu le meunier.

Il n'avait près de lui que l'idiote, les yeux
étincelants, braqués sur lui, le regardant
comme un chat, prêt à fondre sur une
souris.

XVI

Cependant, Théodore, cet être disgracieux, méchant, sans esprit, sans cœur et
sans âme, qui ne croyait à rien, s'imagina
que l'idiote aurait pitié de lui et viendrait à
son secours.

— Mademoiselle Vernet, lui dit-il, je
vous en supplie, secourez-moi! sauvez-moi!

— Non, fit-elle.

— Tenez, vous n'avez qu'à pencher vers
moi ces petites branches à portée de votre
main.

— Non, dit-elle encore.

— Je vous en prie, faites cela. Vous me
connaissez bien, je suis le fils du notaire de
Lilliers.

— Le notaire de Lilliers, répliqua-t-elle,
un bien méchant homme!

Et toujours accroupie, regardant le rousseau, elle éclata de rire.

— Je suis perdu, pensa-t-il.

De froid et d'épouvante il devenait vert; les yeux lui sortaient de la tête.

La figure de l'idiote prit une expression de joie sauvage.

— Ce soir, dit-elle au misérable d'une voix rauque, tu seras noyé, et les cloches de Lilliers sonneront le glas.

Il poussa un cri horrible. La branche venait de se détacher tout à fait. Il coula comme une masse au fond de l'eau.

L'idiote se redressa, s'élança sur le tertre et courut vers son frère en criant :

— Le rouge est noyé! le rouge est noyé!...

En ce moment, Félix, sorti de la rivière, déposait Etiennette sur un lit d'herbe et de joncs qui séchaient au soleil.

— Anna, donne tes soins à ton amie, dit-il à sa sœur.

Et il revint en courant vers le saule pour accomplir un deuxième sauvetage.

Au bout de quelques minutes, il parvint à tirer de l'eau le fils du notaire aux trois quarts asphyxié.

L'idiote se coucha à côté d'Etiennette, et

bien qu'elle fût glacée elle-même, elle cherchait à la réchauffer en la couvrant de baisers.

Félix était rassuré, car en prenant pied dans la baie, la jeune fille avait fait un mouvement et poussé un soupir.

Dix minutes plus tard, une vingtaine de personnes de Ravaine, prévenues de ce qui se passait par le garçon meunier, arrivaient dans la saussaie.

Parmi elles se trouvaient Mme Vernet et ses deux servantes.

On apportait des matelas et des couvertures de laine. En même temps une voiture du moulin s'arrêtait sur la route. Elle venait tout exprès pour transporter la noyée.

Etiennette commençait à revenir à elle.

Les femmes l'entourèrent et s'empressèrent de lui ôter, un à un, tous ses vêtements. Ensuite, elles l'enveloppèrent dans des couvertures et on la coucha sur un matelas.

Théodore, soigné par les hommes, ne tarda pas également à rouvrir les yeux. On eut pour lui les mêmes soins que pour Etiennette.

— Nous allons les faire conduire tous les deux à la ferme, dit Mme Vernet à son fils.

— Le fils du notaire, oui, répondit Félix, mais Etiennette, non.

— Pourquoi donc? demanda Mme Vernet avec surprise.

— Quand Mlle Labranche entrera à la ferme, répondit-il tout bas, de manière à n'être entendu que de sa mère, elle s'appellera Mme Vernet.

— Où veux-tu qu'on la mène?

— Chez ses maîtres, à Fergis. Chère mère, ne la quitte pas avant qu'elle soit bien chaudement couchée dans son lit, et crois-moi, elle est déjà beaucoup ta fille.

Immédiatement, Etiennette fut portée jusqu'à la voiture. Suivant le désir de son fils, Mme Vernet prit place à côté d'elle sur la charrette.

En rouvrant les yeux, elle n'avait fait qu'entrevoir Félix; mais Anna, toujours près d'elle, lui dit à l'oreille:

— Félix n'a pas voulu que tu sois noyée.

Une autre voiture, qu'on courut chercher à Ravaine en toute hâte, servit à transporter le fils du notaire; il fut reçu à la ferme et couché dans un bon lit.

Mme Vernet revint de Fergis vers sept heures du soir.

Félix, après avoir changé de vêtements

et bu avec sa sœur un grand bol de vin chaud, ne se ressentait déjà plus de sa terrible baignade. Il guettait le retour de sa mère. Du plus loin qu'il l'aperçut, il courut au-devant d'elle.

— Eh bien ? l'interrogea-t-il.

— Elle est aussi bien que possible, répondit Mme Vernet. Elle m'a bien chargée de te remercier. Oh ! je suis encore toute émue...

— Pourquoi ?

— Elle m'a demandé la permission de m'embrasser. Je comprends que tu l'aimes, Félix, c'est un vrai trésor, cette enfant-là !

— Aura-t-on soin d'elle ?

— Le médecin est là. Il y a aussi une autre personne qui ne veut pas la quitter.

— Qui est-ce donc ?

— Une vieille mendiante qui, de loin en loin, passe par ici.

— Je la connais, dit Félix. Du moment que cette femme est près de Mlle Labranche, je suis tout à fait tranquille.

XVII

Le lendemain, une servante qu'on envoya à Fergis revint avec de bonnes nouvelles.

Etiennette s'était levée; elle se trouvait encore bien faible, mais le médecin assurait qu'après deux ou trois jours de repos elle ne se ressentirait plus de rien.

Quant à M. Théodore, il resta huit jours à la ferme, retenu dans son lit par la fièvre et un gros rhume. Au bout de ce temps, le docteur lui dit qu'il pouvait retourner sans danger chez son père.

— Il lui restera de son plongeon, dit le médecin à Mme Vernet, une pleurésie dont il ne guérira jamais. Ce n'est pas lui qui profitera des écus de son père.

A quelque temps de là, par un de ces beaux jours qu'on appelle l'été de la Saint-Martin, un jeune sergent d'un régiment de ligne sortait gaiement de Ravaine, où il était venu voir un de ses oncles, vieux garçon, qui avait lesté son gousset de quelques pièces de cent sous.

Quand il eut gagné la route et dépassé le moulin, il pressa le pas.

Il ne lui restait que quatre heures de jour et près de six lieues à faire à pied pour atteindre le gîte de la nuit.

Comme il arrivait en vue des roches et qu'il allait prendre à droite un sentier à travers champs devant le conduire au village de Pouilly, il vit accourir vers lui une jeune fille dont les cheveux dénoués tombaient épars sur ses épaules et voltigeaient au vent.

En le rejoignant, elle lui saisit le bras et le contraignit à s'arrêter.

Il l'examina curieusement. Elle semblait en proie à une vive agitation.

— Vous connaissez Charles? lui dit-elle.

— Charles? fit-il en cherchant dans sa mémoire.

— Oui, Charles, le garçon de la ferme de Ravaine?

— Non, répondit-il, je ne le connais pas.

— Mais si, vous le connaissez, puisque vous êtes soldat. Il est soldat aussi, Charles.

Le sergent ne savait que penser.

— Ecoutez, reprit la jeune fille, vous le verrez demain, vous lui direz qu'il faut qu'il revienne à Ravaine. Félix est au moulin, lui.

Elle ajouta tout bas, en se penchant à son oreille :

— Il lui faut de l'argent, beaucoup d'argent... J'en ai.

Le militaire comprit alors seulement qu'il avait devant lui une pauvre jeune fille dont la raison était altérée.

— Eh! bien, mademoiselle, dit-il, je ferai votre commission. Je dirai à Charles qu'il doit revenir à Ravaine, que vous l'attendez.

— C'est cela! s'écria-t-elle gaiement. Charles est votre ami, n'est-ce pas?

— Oui, mon meilleur ami.

— Vous lui direz que j'ai pleuré quand il est parti.

— Je n'y manquerai pas.

Le sergent voulut s'éloigner,

— Et l'argent? fit-elle en le retenant.

— L'argent! répéta-t-il.

— Oui... pour qu'il paye.

— Ah! c'est juste... Mais vous le lui enverrez.

— Non, je vais vous le donner.

Le jeune homme commençait à trouver l'aventure singulière et fort embarrassante. Il craignait de contrarier l'idiote et de lui faire de la peine, et il se demandait quel moyen il allait employer pour se séparer de cette malheureuse enfant, qui lui inspirait une pitié profonde.

Elle ne lui laissa pas le temps de réfléchir longuement. Elle lui prit la main et lui dit :

— Venez.

— Où voulez-vous me conduire? demanda-t-il.

— Là, dans les roches.

Elle lui serrait la main très-fort et l'entraînait.

— Allons jusqu'au bout de l'aventure, se dit-il. J'en serai quitte pour arriver chez ma mère une demi-heure ou une heure plus tard.

Et il suivit l'idiote qui, par un sentier qu'elle connaissait bien, le mena à mi-côte

à un endroit où des rochers énormes s'éta-
geaient en forme d'escalier.

Ils pénétrèrent sous une voûte, formant
un passage étroit, qui les conduisit dans
une espèce de grotte où l'idiote s'arrêta.

— C'est ici, dit-elle.

La grotte était faiblement éclairée par
une fente horizontale, ouverture due, sans
doute, à l'écroulement de roches supé-
rieures.

La jeune fille fit rouler une grosse pierre,
qui découvrit une cavité profonde dans laquelle elle introduisit son bras. Elle en retira
une bourse de cuir et la tendit au jeune sergent en lui disant :

— C'est l'argent pour Charles.

Il desserra les cordons de la bourse et vit
avec surprise qu'elle contenait un certain
nombre de pièces d'or.

Il ne se demanda point comment cette
enfant pouvait posséder une somme aussi
considérable ; il avait déjà un projet arrêté
dans sa pensée.

L'idiote fouillait de nouveau dans le
trou. Cette fois, elle en sortit une bague
qu'elle montra au soldat.

— C'est pour moi, quand Charles sera
revenu, dit-elle.

Et elle la remit où elle venait de la prendre. Ensuite, elle replaça la pierre sur le trou.

Ils sortirent de la grotte, et un instant après, le jeune homme ayant dit adieu à l'idiote, regagna la route et s'élança en courant sur le petit chemin de Pouilly.

En arrivant à Pouilly, le sergent se fit aussitôt indiquer la demeure du maire, et il s'y rendit immédiatement.

Le maire et un autre homme plus jeune étaient à table. Tout en fumant leur pipe, ils achevaient de vider une bouteille.

— Je désirerais parler à M. le maire, dit le soldat en entrant et en ôtant son képi.

— C'est moi, mon ami, répondit le maire ; qu'y a-t-il pour votre service ?

— Monsieur, reprit le sergent, il vient de m'arriver tout à l'heure, entre Ravaine et Pouilly, l'aventure la plus extraordinaire.

Le maire se leva et offrit un siége au soldat en disant :

— Asseyez-vous, nous sommes prêts à vous écouter.

— Je viens de Ravaine, messieurs, dit le militaire ; je serais bien retourné dans cette commune, mais j'ai encore beaucoup de chemin à faire, et je suis attendu par ma mère. C'est pour cela que j'ai préféré m'adresser à M. le maire de Pouilly.

Et il fit le récit de sa rencontre avec la jeune fille et de sa visite à la grotte.

Dès les premiers mots, les auditeurs échangèrent un regard d'intelligence et d'étonnement. Puis, le plus jeune était devenu très-pâle. Il posa sa pipe, appuya son coude sur la table, et, la tête dans sa main, il écouta le récit avec la plus vive attention.

— Messieurs, ajouta le sergent, quand il eut tout raconté, voici la bourse d'or.

Le maire lui dit avec émotion :

— Votre conduite en cette circonstance a été des plus dignes et des plus honnêtes. Je vous remercie, en mon nom d'abord et au nom de beaucoup d'autres personnes. Veuillez me donner vos nom et prénoms, votre âge, le lieu de votre naissance et le numéro de votre régiment; ils me sont nécessaires pour mon procès-verbal.

Le sergent lui tendit sa feuille de route.

Pendant que le maire écrivait les renseignements dont il avait besoin son compagnon se leva et tendit sa main au soldat.

— Monsieur, lui dit-il, je suis de Ravaine, je me nomme Félix Vernet; la jeune fille que vous avez rencontrée sur la route est ma sœur. N'oubliez pas mon nom. Dans quel moment que ce soit, si vous avez besoin d'un ami et d'un dévouement, vous me trouverez.

Après avoir trinqué avec le maire et son nouvel ami, le sergent partit.

— Eh bien, Félix, demanda le maire, qu'allons-nous faire?

— Rédigez immédiatement votre procès-verbal, mon ami, et envoyez-le ce soir même au procureur de la République.

— Vous allez emporter l'argent de votre père.

— Non, non, gardez-le jusqu'à nouvel ordre.

— Comptons-le ensemble, au moins.

— Si vous le désirez. Mais c'est bien inutile; il y a dans cette bourse treize cent quarante francs en or.

Ils comptèrent. La somme était exacte.

— Je n'ai qu'une chose à vous demander, dit Félix.

— Laquelle?

— C'est de ne parler de tout ceci à personne, au moins pendant quelques jours.

— Je vous le promets.

En revenant à Ravaine, Félix ne croyait pas que ses pieds touchassent la terre. Il lui semblait avoir des ailes, tellement il se sentait léger.

Il éprouvait une joie immense, inconnue jusqu'alors; elle éclatait dans ses yeux et rayonnait sur son visage.

— Tu as vu Etiennette aujourd'hui? lui dit Mᵐᵉ Vernet quand il rentra.

— Non, ma mère, je n'ai pas vu Mˡˡᵉ Labranche.

— Ah!... je pensais... tu as l'air si content...

— C'est vrai, ma mère, je suis content, j'étouffe de bonheur. Je ne puis rien te dire aujourd'hui; mais un jour, bientôt, tu sauras tout.

Il entra dans sa chambre après avoir prié sa mère de lui envoyer Anna.

La jeune fille ne se fit pas attendre.

— Anna, lui dit-il, tu as rencontré tantôt un soldat sur la route.

— Oui, un beau soldat.

— Vous avez parlé de Charles.

— Oui.

Et elle ajouta, le regard perdu dans l'espace :

— Félix est rentré au moulin, il faut que Charles revienne à la ferme.

Son frère prit ses petites mains dans une des siennes.

— Anna, dit-il, pour faire revenir Charles tu as donné de l'argent ?

— Oui, la bourse.

— Où l'as-tu trouvée, cette bourse ?

— Dans les roches.

— C'est dans les roches que tu l'avais cachée, Anna ; mais, avant, où était-elle ?

— Je ne sais pas.

— Souviens-toi, ma petite sœur, cherche...

Sa physionomie s'anima, ses yeux brillèrent.

— J'ai trouvé la bourse... commença-t-elle.

Et elle s'arrêta. Elle ne se souvenait pas. On voyait aux contractions nerveuses de son visage qu'elle faisait de violents efforts de mémoire.

Tout à coup, elle porta ses deux mains à son front et s'écria :

— Dans la chambre de papa !

— Sur son secrétaire, ajouta Félix.

— Oui.

— Et la bague ?

— Je l'ai gardée pour moi, quand Char les sera revenu.

— Dis-moi, ma petite Anna, reprit Félix, quand tu as eu la bourse, tu l'as ouverte et tu as pris dedans trois pièces d'or ?

— Trois pièces d'or, répéta-t-elle en cherchant encore dans sa mémoire.

— Trois, continua le jeune homme ; puis tu es allée dans la grange où travaillait le père Labranche, le chanvrier ?

— Oui, le bon père Labranche !

— Son vieux sac de cuir était dans un coin ; tu t'en es approchée sans qu'il te vît...

A mesure que le jeune homme parlait, elle se souvenait. Son regard devenait plus éclatant et ses lèvres remuaient comme si elle eût prononcé les mêmes mots que son frère.

— Et, acheva Félix, tu as mis les trois pièces d'or dans le sac du chanvrier.

— Oui, fit-elle, dans le sac du bon père Labranche.

— C'était bien mal, Anna. Une chose méchante!... Pourquoi as-tu fait cela?

Le visage de l'idiote s'attrista subitement, et des larmes roulèrent dans ses yeux.

— C'était mal, une chose méchante,.. murmura-t-elle, se parlant à elle-même.

— Oui, parce que le chanvrier a été accusé d'avoir volé la bourse. Les gendarmes sont venus le prendre et l'ont mené en prison. Voyons, Anna, je n'ai plus que cela à savoir, pourquoi as-tu mis les pièces d'or dans le sac du bon père Labranche?

Elle se rapprocha de son frère et lui dit tout bas :

— J'aime bien Tiennette; c'était pour lui acheter une belle robe neuve.

— Ah! s'écria Félix en se levant, pauvre enfant, bonne sœur!... je t'entourerai de tant d'affection et de tant d'amour, que si Dieu veut m'aider un peu, j'ouvrirai ton esprit et te rendrai la raison!

Le lendemain de l'importante découverte, Félix retourna à Pouilly. Il voulait s'assurer que le maire avait expédié son procès-verbal. Il ne connaissait pas grand'chose aux questions de droit, et il pensait bien que le père Labranche ne serait pas mis en liberté du jour au lendemain.

— Pour un cas semblable, pensait-il, il doit y avoir une foule de formalités à remplir. Il faut sans doute la cour de cassation, le conseil d'Etat, et toute la jurisprudence, pour infirmer un jugement rendu en cour d'assises.

A Ravaine, il y a une importante fabrique de limes, qui occupe plus de cent cinquante ouvriers. Quelques hommes et quelques femmes seulement de la commune y sont employés. Ses forgerons, ses ajusteurs et ses tailleurs lui viennent de tous les coins de la France et de la Belgique, de la Suisse et de l'Allemagne.

Vers deux heures de l'après midi, une vingtaine d'ouvriers arrivèrent devant la maison de M. Vernet et y formèrent un groupe auquel vinrent se joindre quelques jeunes gens de Ravaine.

Ils gesticulaient et parlaient avec beaucoup d'animation.

M. Vernet, voulant savoir se qui se passait, descendit dans sa cour. Il fut salué par des huées. Il entendit les mots plusieurs fois répétés de : « canaille » et de « dénonciateur. »

— Qu'est-ce que cela veut dire ? se demanda-t-il.

Et il s'empressa de rentrer chez lui.

Mme Vernet, effrayée, sortit à son tour de la maison, et s'avança jusque auprès du groupe.

Les ouvriers devinrent silencieux.

Elle leur demanda pourquoi ils restaient là, et pourquoi ils criaient. On ne lui répondit pas. Il y avait au milieu du groupe, qui grossissait à chaque instant, cinq ou six hommes aux bras nus noirs d'émeri et de poussière de charbon, qui semblaient commander aux autres, et les faisaient crier ou les obligeaient à se taire.

Mme Vernet se retira. Derrière elle, les valets de ferme fermèrent et barricadèrent les portes de la cour.

A deux heures et demie, le maire de Ravaine, instruit de ce qui se passait, accourut chez M. Vernet, ceint de son écharpe. Alors, plus de soixante personnes étaient devant la maison.

— Nous allons avoir une émeute, dit le maire ; tous les ouvriers de la fabrique ont jeté leurs outils; beaucoup sont sortis.

M. Gérard a fait fermer les portes de l'u-
sine et cherche à retenir les autres, mais il
ne pourra pas les garder toujours. Dans
une heure ils seront avec leurs camarades.

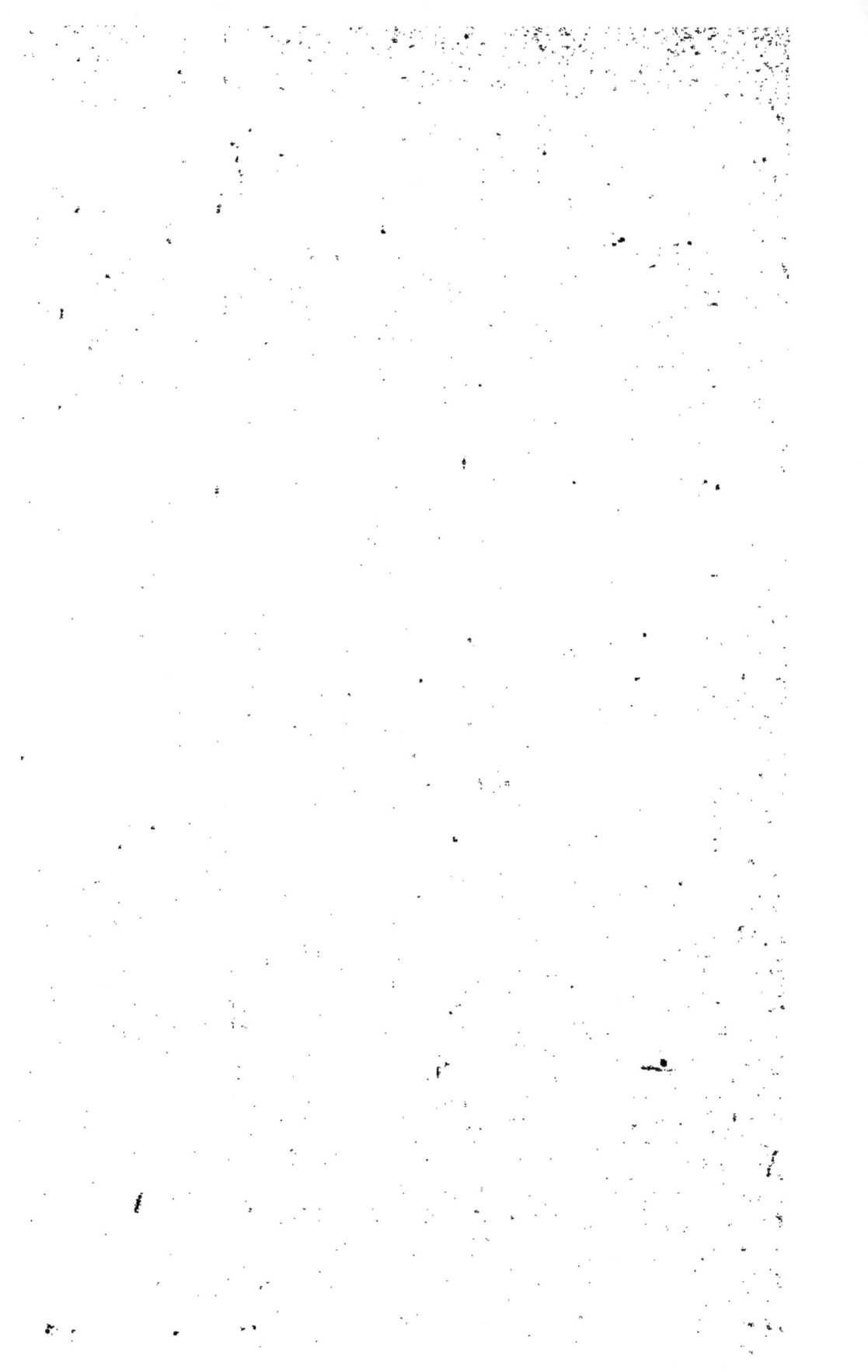

XVIII

— Mais enfin, qu'est ce qu'ils nous veulent? s'écria M. Vernet.

— Mon mari ne leur a jamais fait de
mal, dit la fermière, qui allait et venait
continuellement de la cheminée à la fenêtre.

Non, M. Vernet ne leur avait jamais fait
de mal. Mais, sur sa proposition, le conseil
municipal avait pris cette sage résolution,
que, même le dimanche, les cabarets de
Ravaine seraient fermés à dix heures du
soir. Et puis, orgueilleux, hautain et dur
pour les pauvres gens, on ne l'aimait pas.

— C'est l'affaire du chanvrier qui revient
sur l'eau, répondit le maire; ils prétendent
que ce n'est pas Labranche qui vous a volé,

et que vous avez fait mettre un innocent en prison.

— Mais c'est le jury ! exclama M. Vernet très-agité.

— Ah ! ils sont au moins cent ! s'écria Mme Vernet, debout devant la fenêtre. Ils nous montrent le poing. Entendez-vous leurs cris ? Mon Dieu, ils enfonceront les portes, ils mettront le feu à la ferme ! Si seulement Félix était ici.

— Mon cher Vernet, dit le maire, ta femme a raison ; ton fils est très-aimé à Ravaine, il n'y a pas un ouvrier qui ne soit heureux de lui serrer la main. Sa présence seule suffirait pour les calmer. Il faut le faire venir.

— S'il était au moulin il serait déjà ici.

— Malheureusement il est allé à Pouilly, dit la fermière.

En ce moment de grandes clameurs se firent entendre ; c'était une nouvelle bande d'ouvriers qui arrivait.

Aux applaudissements succédèrent des vociférations et des hurlements furieux.

Un ouvrier, essayant d'escalader le mur de la cour, venait d'être repoussé par un domestique, armé d'une fourche à fumier.

— Vernet, tu verras, cela tournera mal, gémit la fermière affolée de terreur.

M. Vernet et le maire se consultèrent.

— Il faut envoyer à la gendarmerie, dit ce dernier. Avec un bon cheval, un domestique sera dans un quart d'heure au canton, et les gendarmes arriveront ici avant une heure.

Cinq minutes après, un domestique sortait par une porte de derrière, montait à cheval et partait ventre à terre.

Pendant ce temps, les émeutiers se consultaient. Ils parlaient de faire l'assaut de la maison.

— Il faut nous emparer du père Vernet et lui faire boire un coup dans la Presle, disait-on encore.

Mais les opinions étaient partagées; les ouvriers criaient, gesticulaient, se disputaient entre eux et n'agissaient point.

Mᵐᵉ Vernet ne perdait rien de ce qui se passait dans la rue.

— Ils se consultent, dit-elle.

— Laissez-les faire, répondit le maire.

— Tout à l'heure nous rirons, ajouta M. Vernet.

Un ouvrier, qu'on appelait le Mareugien,

monta sur une charrue, se tint en équilibre
sur une des roues, et dit :

— Je veux parler.

La foule se serra en se rapprochant de
lui, et fit silence.

— En voilà un qui va les haranguer, dit
Mme Vernet. Elle quitta la fenêtre, s'élança
hors de la maison, traversa rapidement la
cour, et alla se blottir contre le mur, afin
d'entendre le discours de l'orateur.

Il parla ainsi.

— Las ouvriers de la fabrique de M. Gérard, qui est un brave homme et son fils
aussi, sont-ils des brigands, oui ou non ?

— Non, non, non, crièrent cent voix.

— Nous sommes tous de bons et honnêtes ouvriers, qui travaillons pour nourrir
femmes et enfants, pas vrai ?

— Oui, oui, oui.

— Alors, conduisons-nous comme des
hommes et non comme des bêtes sauvages.
Le père Vernet n'est pas un bon homme...

— C'est vrai.

— Je vous l'accorde...

— Il faut le punir, cria une voix isolée.

— Laissez-moi donc causer, reprit l'orateur. Si vous touchez au père Vernet, vous
frappez en même temps sa femme, qui n'est

pas une méchante mère, et son fils, que nous aimons tous. Y en a-t-il un parmi vous qui ait un reproche à faire à Félix ?

Personne ne répondit.

— Eh bien ! voici mon avis : Vous voulez prendre d'assaut la maison, vous voulez jeter le fermier dans la rivière ; pour cela, mes amis, je ne suis pas avec vous ; il y a des plaisanteries, voyez-vous, qui n'ont l'air de rien, et qui vous envoient tranquillement de très-bons pères de familles aux galères. Nous autres, nous sommes des ouvriers, nous avons les mains noires, mais du cœur... Nous travaillons et nous ne saurions pas manger le pain des forçats. Mes amis, qu'est-ce que vous voulez demander au père Vernet? Qu'il répare son injustice et le mal qu'il a fait. Il a commis une méchante action, c'est vrai. Le chanvrier est en prison, et le chanvrier n'est pas un voleur ! Il faut qu'on le mette en liberté, pas vrai? Mais qui vous dit que le père Vernet ne sera pas le premier à courir demander sa grâce ? Que quelques-uns d'entre vous aillent le trouver. Devant sa femme, devant le maire, devant ses domestiques, vous lui direz : « Monsieur Vernet, le père Labranche, le vieux chanvrier, n'est pas celui qui a volé votre bourse d'or; c'est prouvé. Qu'est-ce que vous allez faire? » Le père Vernet vous répondra, et vous reviendrez ici nous raconter ce qu'il vous aura dit.

L'orateur descendit de sa tribune improvisée au bruit des applaudissements des ouvriers.

Ce qui mettait ainsi en émoi les ouvriers, forgerons et tailleurs de limes de la fabrique de M. Gérard, c'était un récit qu'un de leurs camarades avait fait le matin.

Le maire de Pouilly n'avait point parlé; mais, en quittant cette commune, le sergent avait rencontré l'ouvrier, et, encore sous le coup de son impression première, il s'était mis à raconter une seconde fois son étrange aventure.

Félix avait oublié de lui recommander le secret.

Les ouvriers continuaient à discuter, à s'agiter, et le temps s'écoulait rapidement.

A trois heures et demie, quatre gendarmes et le brigadier entraient bride abattue dans Ravaine.

Ils mirent leurs chevaux dans l'écurie d'une auberge et se dirigèrent en toute hâte vers le lieu du rassemblement.

— Voilà les gendarmes ! s'écria Mme Vernet, qui était venue rapporter au maire et à
son mari tout ce qu'elle avait entendu.

Le brigadier paraissait fort en colère.

Quand les gendarmes s'approchèrent, il
y eut comme un frémissement de révolte
dans la foule.

Le front du Mareugien se plissa.

— Je vous demande un peu ce qu'ils
viennent faire ici ! murmura-t-il.

Il connaissait l'esprit de ses camarades,
et il comprenait que la présence des gendarmes allait peut-être tout gâter

Le brigadier, dressant fièrement la tête,
marchait le premier.

— Dispersez-vous ! cria-t-il d'une voix
éclatante.

Une rumeur sourde lui répondit, et les
ouvriers prirent une attitude menaçante.

Les têtes étaient fortement échauffées, la
moindre imprudence pouvait mettre le feu
aux poudres, et faire éclater une rixe entre
les gendarmes et les ouvriers.

Malgré l'injonction du brigadier repré-
sentant de la loi, les ouvriers ne bougeaient
pas.

Il se tourna de nouveau vers les gendarmes en disant :

— Avançons!

— Nous sommes perdus ! exclama Mme Vernet, ils vont tuer les gendarmes.

Le maire et le fermier se précipitèrent à la fenêtre.

— Tout cela peut devenir très-grave, dit le maire.

Et il s'empressa de sortir.

Les ouvriers entouraient les gendarmes, sans toutefois se livrer à aucune voie de fait; mais les regards farouches des meneurs n'annonçaient rien de bon pour le brigadier. Voulant se dégager, il porta la main à la poignée de son sabre pour le tirer du fourreau.

Un ouvrier l'en empêcha en le saisissant à bras-le-corps.

Alors des cris de colère se firent entendre. Les gendarmes écartèrent violemment ceux qui les entouraient pour délivrer leur chef.

Les cris redoublèrent. Une minute encore et une lutte déplorable allait s'engager entre les gendarmes et les ouvriers exaspérés.

En ce moment Félix arrivait de Pouilly. Ce fut le Marcugien, retiré à l'écart, qui

le mit au courant de tout ce qui venait de
se passer.

— Ah! voilà Félix, dit Mme Vernet en
poussant un soupir de satisfaction.

Le jeune homme était déjà au milieu des
ouvriers.

— Mes chers amis, leur dit-il, que signi-
fient ces scènes de violence et de fureur?
Que penseriez-vous d'un maître qui se con-
duirait ainsi envers ses ouvriers? Vous étiez
venus ici pour faire une bonne action et
vous en commettez une mauvaise; ce n'est
pas bien, cela, mes amis. Le père Labranche, le chanvrier, a été faussement accusé
d'un vol dont il n'est pas coupable, c'est la
vérité! mais le mal sera noblement réparé;
c'est moi, Félix Vernet, qui vous le dis; je
le jure!...

Un long murmure approbateur suivit ces
paroles. Les ouvriers étaient satisfaits. Leur
colère s'apaisa subitement. Un instant après
ils échangeaient des poignées de mains avec
les gendarmes.

— Camarades, dit le Mareugien, il y a
encore deux heures de journée; il ne faut
pas que les femmes et les enfants souffrent
du chômage; allons travailler.

Et ils s'éloignèrent bras-dessus, bras-
dessous.

On fit dîner les gendarmes à la ferme et on consola facilement le brigadier d'avoir moins obtenu par la force que Félix Vernet avec quelques paroles affectueuses.

Le soir, Mme Vernet courut jusqu'à Fergis. On y savait déjà le soulèvement des ouvriers, mais on en ignorait le motif.

— Ma chère Étiennette, dit Mme Vernet à la jeune fille, ce n'est pas votre père qui a volé la bourse d'or de mon mari, son innocence est reconnue. Félix m'a envoyée pour vous le dire.

Étiennette tomba à genoux, et, joignant les mains :

— Mon Dieu, dit-elle, vous avez exaucé mes prières. Vous êtes juste et bon.

Elle se releva ; ses joues étaient inondées de larmes.

— Étiennette, reprit vivement Mme Vernet, mon fils vous aime et je sens déjà que vous êtes ma seconde fille.

Elle lui mit un baiser sur le front en articulant :

— Votre mère vous embrasse.

XIX

Le lendemain matin, vers dix heures, M. Vernet, qui n'avait pas desserré les dents depuis la veille, après le départ du maire et des gendarmes, fit atteler à son phaéton le meilleur cheval de son écurie.

— Où vas-tu donc? lui demanda sa femme. Félix était présent.

— Je vais à la ville, répondit-il en regardant son fils en dessous. Est-ce qu'il ne faut pas que je m'occupe de ce pauvre père Labranche.

Félix, qui était en froid avec son père depuis son retour à Ravaine, ne put y tenir. La glace fondait. Il se jeta à son cou en disant :

— C'est bien, mon père, c'est bien !

Et il l'embrassa.

En montant en voiture, M. Vernet s'aperçut qu'une larme tombait sur sa main.

Un matin, un guichetier entra dans la cellule du père Labranche et lui dit avec une certaine déférence :

— Vous n'êtes pas encore levé, c'est bien. Voici vos habits, je reprends ceux-ci qui appartiennent à la maison; veuillez vous habiller, je vous attends.

Le bonhomme fit ce qu'on lui commandait, mais il ne comprenait pas.

Quand il fut prêt, le guichetier le conduisit dans la salle à manger du directeur et se retira. Alors un domestique parut, il pria le prisonnier de se mettre à table et lui servit à déjeuner.

Le chanvrier obéissait passivement. Quand il eut fini, le directeur de la maison centrale entra dans la salle à manger.

— Monsieur Labranche, lui dit-il en souriant, depuis ce matin, vous n'êtes plus mon prisonnier; vous êtes en liberté.

— Moi ! fit le bonhomme en ouvrant de grands yeux ébahis.

— Vous avez été condamné pour un

crime dont vous êtes innocent, reprit le directeur.

— Je l'ai bien assez répété aux juges, monsieur ; ils n'ont pas voulu me croire.

— C'est vrai ; tant de preuves existaient contre vous !... Enfin, aujourd'hui on a reconnu que vous n'êtes pas coupable.

— Et je pourrai revoir ma fille ? s'écria le chanvrier en pleurant.

— Mais dès demain, je pense, si vous ne vous arrêtez pas trop longtemps en route.

— C'est donc bien vrai, monsieur, que je vais m'en aller, que je suis libre ?

— Oui. Mais il faut de l'argent pour voyager ; on y a pensé, et je suis chargé de vous remettre cette bourse. Elle contient quatre cents francs.

— Quatre cents francs ! s'écria le chanvrier avec surprise.

— C'est, m'a-t on dit, à quelque chose près, le montant de plusieurs petites sommes qui vous étaient dues à Ravaine.

— Mais Tiennette, comment donc a-t-elle fait pour vivre ?

— Elle-même vous le dira, répondit le directeur avec son bon sourire.

Le père Labranche essuya ses yeux, remercia le directeur, et sortit de la prison.

Il était chancelant, éperdu, presque fou de joie.

En le voyant courir sur la route, le long des berges, on l'aurait pris pour un insensé.

Le lendemain, à midi, il traversa Lilliers sans voir personne, sans rien entendre. Il passa devant sa maison, qu'il aimait tant ; il ne lui donna qu'un regard.

Il marcha ainsi jusqu'à Fergis.

La porte des Cabrol était ouverte. Il entra. La femme se trouvait seule. Il oublia de lui dire bonjour, et s'écria :

— Où est Tiennette ?

— Dieu ! fit la Chabrol, c'est le chanvrier.

— Où est Tiennette ? dit-il encore.

— Au grenier, je vais l'appeler.

Et elle sortit en criant :

— Tiennette ! Tiennette ! c'est ton père.

La jeune fille descendit les marches de l'escalier quatre à quatre, et vint tomber presque inanimée dans les bras de son vieux père.

Ce fut pendant un quart d'heure un bruit de baisers et de sanglots.

Les Cabrol, devenus pour le moment les meilleures gens du monde, servirent à manger au père Labranche, qui mourait de faim. Après quoi le fermier attela lui-même un de ses chevaux à sa voiture pour conduire à Lilliers le père et la fille.

— Je croyais bien ne plus revenir ici, dit Etiennette, en rentrant dans la petite maison blanche qu'elle avait un jour quittée si désespérée.

Son père voulut savoir comment elle avait vécu près de dix mois.

Elle lui raconta en partie sa douloureuse histoire. Pour ne pas lui causer trop de peine, elle lui cacha ses plus intimes souffrances. Mais ce qu'elle ne lui conta pas, le père Labranche le devina.

— Ah! s'écria-t-il, c'est ainsi que les gens de Lilliers, qui devaient te protéger, t'ont traitée! Eh bien, je n'y resterai plus. Je vendrai ma maison; si je ne trouve pas d'acheteurs, je l'emplirai de paille jusqu'au faîte et mettrai le feu dedans.

X X

Trois jours s'écoulèrent. Etiennette n'avait pas revu Félix Vernet depuis le jour où il l'arrachait à la mort en la retirant de la Presle. Elle s'étonnait qu'il ne fût pas encore venu à Lilliers. Oh! elle ne doutait pas de lui! Mais elle pensait à M. Vernet. Alors son cœur se serrait et elle voyait s'envoler, comme une bande d'oiseaux effrayés, tous ses rêves de bonheur.

Le père Labranche était sorti de la maison de détention le mardi. Le dimanche suivant, de bon matin, le phaéton de M. Vernet s'arrêta devant sa maison.

Etiennette vit venir le fermier et s'en-

ferma dans sa petite chambre. Il fut reçu
par le chanvrier.

— Monsieur Labranche... commença-
t-il.

— Oh! interrompit le bonhomme, vous
pouvez m'appeller père Labranche, comme
autrefois.

— Eh bien! père Labranche, je viens
vous trouver pour vous dire, d'abord, que
je regrette vivement tout ce qui est arrivé.

— C'est un accident, monsieur Vernet, et
ce n'est pas votre faute.

— Alors, vous me pardonnez?

— Oh! de grand cœur.

— Vous êtes un brave homme, père Labranche, et je vous prie de mettre votre
main dans la mienne, en signe de récon-
ciliation.

Les deux hommes se donnèrent une cor-
diale poignée de mains.

— Ce n'est pas tout, père Labranche,
nous vous devons une réparation.

— Par exemple! s'écria le chanvrier.

— Et nous la voulons convenable, telle que vous pouvez la désirer.

Le bonhomme rougit.

— Monsieur Vernet, reprit-il, je ne vous demande qu'une chose, c'est de me conserver votre pratique; car, je vais avoir besoin de travailler.

— Quel brave homme! pensait M. Vernet.

— Vous savez, père Labranche, reprit-il, que mon fils aime votre Étiennette?

— J'ai entendu parler de cela dans le temps. Enfantillage de jeunes gens, monsieur Vernet, moins que rien. Mais ma fille est honnête et vous n'avez rien à craindre.

— Mais il me gêne beaucoup avec ses réponses, se disait M. Vernet.

— D'ailleurs, continua le père Labranche, je connais M. Félix; c'est un cœur d'or, et je suis bien sûr qu'il ne voudrait pas séduire une pauvrette qui n'a pour dot que sa sagesse.

— Au diable vos réflexions! s'écria M. Vernet tout à fait désorienté; il s'agit bien de dot et de séduction!... En deux mots, voila la chose : Mon fils aime votre Étiennette et moi je viens vous demander de me la donner pour fille.

— Qu'est-ce que vous me dites-là ? fit le chanvrier abasourdi.

— Morbleu! vous l'avez bien entendu.

— Quoi! mon Étiennette serait la femme de M. Félix, elle s'appellerait Mme Vernet!

— Oui, Mme Vernet, Mme Félix; enfin, notre fille à vous, à ma femme et à moi!

— Monsieur Vernet, je ne peux pas vous répondre; je voudrais pourtant vous dire... vous expliquer... non, je ne peux pas... c'est bête d'être comme ça... je n'ai plus une idée, ma langue s'embarrasse, je... je suis bien heureux, M. Vernet!

— A bientôt la noce, papa Labranche, reprit gaiement le fermier, et une belle noce, je vous le promets. Depuis qu'un jour mon fils m'a embrassé, je ne me reconnais plus; il me semble n'avoir que vingt ans; ma parole d'honneur, je crois que je suis plus jeune que mon Félix.

Étiennette entendait la conversation.

Quand son père entra dans sa chambre, après le départ de M. Vernet, il la vit à genoux près de son lit, absorbée dans la prière, et il se retira discrètement.

XXI

Trois semaines plus tard, un lundi, à neuf heures du matin, Mme Vernet et son fils arrivèrent à Lilliers. Ils venaient chercher Étiennette et son père pour les emmener à Ravaine, où le maire et le curé les attendaient pour le mariage.

La jeune fille était dans sa toilette de mariée.

Ils se rendirent directement à la mairie, où toute la noce se trouvait réunie. Parmi les personnes présentes, nous citerons l'avocat, qui avait défendu le père Labranche devant la cour d'assises, et sa femme. La veille, Félix était allé les chercher lui-même au chef-lieu.

Après le mariage civil, les jeunes époux reçurent la bénédiction nuptiale, qui fut suivie d'un discours très-touchant du curé.

En sortant de l'église, parmi les mendiants, qui lui tendaient la main pour recevoir une aumône, Félix reconnut la bohémienne.

Il s'arrêta brusquement. Étiennette, qui baissait les yeux, les releva et reconnut également sa vieille amie la mendiante.

— Ah! s'écria-t-elle, mon bonheur est complet! Elle seule nous manquait.

Et devant tout le monde, en pleurant, elle embrassa la vieille femme.

— Tiennette, ma mie, dit-elle en clignant de l'œil, son tic favori, voici les jours du pain mollet.

— Félix en fait la farine, répondit en souriant la jeune femme.

— La mère, reprit le meunier, vous êtes des nôtres, vous venez avec nous.

— Merci, ami Félix; les haillons de la mendiante crieraient trop à côté de vos beaux habits.

Mme Vernet s'approcha.

— La mère, dit-elle, il y a à la ferme une belle robe qui a été cousue exprès pour vous.

— Vrai! fit la vieille en se redressant.

— Demandez à Félix.

— Je n'ai pas pu savoir où vous étiez, la mère, dit-il, sans cela depuis huit jours vous l'auriez.

Le visage de la bohémienne devint rayonnant.

Elle se redressa plus fière encore. Et d'une voix lente et émue :

— J'ai vu dans le monde tant d'égoïstes et d'ingrats, dit-elle, que je ne croyais pas qu'il y eût encore de la reconnaissance.

Le cortége se remit en marche, elle le suivit.

L'idiote était restée à la ferme, et, seule, elle avait mis ses habits de fête. Elle vint au-devant des mariés, et présenta son front à Félix, d'abord, et ensuite à Etiennette.

Puis avec un doux sourire :

— Mon frère, dit-elle, te voilà marié; tu as pris pour femme la meilleure que je connaisse. Vous m'aimerez bien tous deux et toujours, n'est-ce pas ? Si vous saviez comme j'ai besoin d'affection.

Depuis que tu es revenu, Félix, je ne suis plus la même... Vous m'avez tant embrassée tous les deux!... Tout à l'heure, pendant que les cloches sonnaient votre bonheur, j'ai senti dans ma tête quelque chose d'étrange : je suis tombée à genoux

t j'ai dit pour vous ma prière. Oh! aimez-
moi toujours; j'ai tant besoin d'affection!

Elle cessa de parler et entoura de ses
deux bras les têtes radieuses des deux
époux.

— Ma fille est guérie! s'écria Mme Vernet. La bénédiction de Dieu vient d'entrer
dans notre maison.

FIN.

SAINT-GERMAIN. — IMPRIMERIE D. BARDIN.

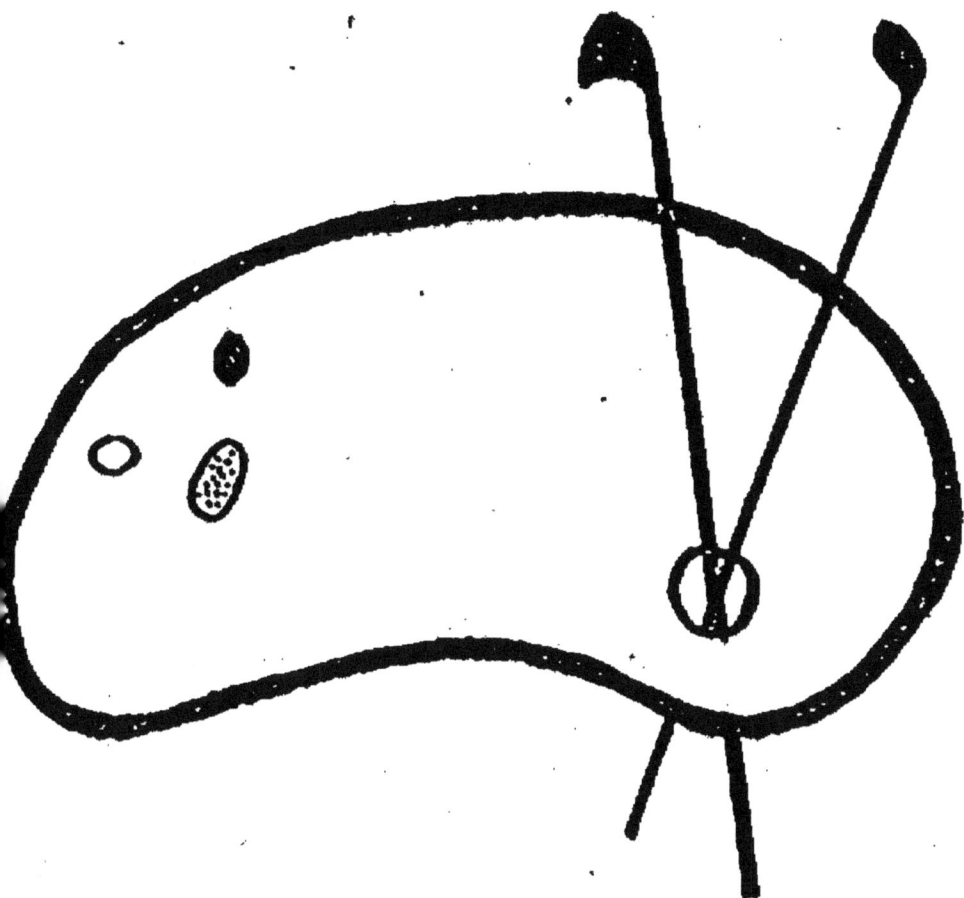

www.ingramcontent.com/pod-product-compliance
Lightning Source LLC
Chambersburg PA
CBHW070354090426
42733CB00009B/1414